嘉木成荫
墀耀万春

杨嘉墀画传

《嘉木成荫　墀耀万春：杨嘉墀画传》编写组

顾　问

张安胜　杨　西

主　编

叶　璐

编辑组

欧七斤　曹灵钰

许　天　孙　萍

钟诸俍　胡　端

李　弋　许雯倩

何嘉玲　黄晓红

陈晓俊

前 言

20世纪中叶，新中国科技工作者响应党中央"向科学进军"的号召，自力更生，艰苦奋斗，在极端困难条件下取得了以"两弹一星"为主的尖端国防科技的巨大成就。作为个体的名字，他们中的许多人都不为人们所熟知，但是他们的卓越成就与重要贡献却铸就了中国科学技术的丰碑。"两弹一星"功勋科学家杨嘉墀院士（1919—2006），就是那一时代激流中的重要代表性人物。

杨嘉墀院士是交通大学电机工程系1941届校友，1949年获哈佛大学博士学位。1956年，他放弃美国的优渥条件，毅然回国投身新中国的国防科研和建设，并长期在中国科学院自动化研究所、中国空间技术研究院工作。他笃行不怠，臻于至善，终生致力于中国科学技术和航天事业的发展，多次参与了原子弹、导弹秘密试验的重要任务，主持了中国第一颗卫星和多种卫星总体及自动控制系统的研制工作；他高瞻远瞩，与时俱进，主要参与倡议了国家"863计划"、北斗导航系统应用等一系列关乎国家科技进步的重大科技工程。他曾先后获得国家科学技术进步奖特等奖、陈嘉庚信息科学奖、何梁何利基金科学与技术进步奖等荣誉，1999年荣获国家"两弹一星"功勋奖章。

杨嘉墀院士的科学人生成长与科技报国之路，是中国现代科学技术事业非凡历程的缩影，更是新时代科学家精神的光辉写照。

杨嘉墀院士在攻坚克难中铸就胸怀祖国、服务人民的信念。他在美留学工作期间，那颗炽热的爱国心始终坚定，他总说："我要回中国工作，那里是我的家。"回国后，他始终秉持"争名当争国家名，计利当计人民利"的信念，先后参与东方红一号、返回式卫星、一箭三星，以及地球同步轨道卫星的研制，为我国科学技术和航天事业的发展立下了汗马功劳。

杨嘉墀院士在科学探索中涵养勇攀高峰、敢为人先的力量。他曾说："搞研究的要看到二十年之后，光看眼皮底下的，不是好科学家。"他高瞻远瞩，参与促进了"863计划"的制订实施，提出了与载人飞船、月球探测、北斗导航应用相关的一系列建议，有力推动了中国高新技术的进步。从零到一，从小到大，我国航天事业的每一个重大突破和进展，都浸透着他的汗水和心血。

杨嘉墀院士在潜心研究中升华了追求真理、淡泊名利的品质。1956年回国之后，他参与了中国科学院《关于发展我国人造卫星工作的规划方案》论证工作，一头扎入人造卫星的相关研究中。当年他攻研的卫星姿态控制，为日后返回式卫星、载人飞船发射中的关键技术问题攻关打下了坚实基础。面对所获得的众多科技成果奖状、奖杯、奖章等，他总是谦逊地认为，荣誉属于集体，属于群众。他说："没什么，没什么。事是大家干的，我赶上了好时候。"

杨嘉墀院士在接力奋斗中凝结甘为人梯、奖掖后学的自觉。他十分重视青年技术骨干和研究生培养，一直用父母对子女般的爱心教导研究生，对年轻人的关心、帮助无微不至。他指导和培养了一批顶尖人才，目前都已成长为中国空间技术一线的主力军。正是这种善于发现、培养青年科技人才，甘做人梯、倾力提携后学的育人精神，才能有我国科技事业的活水涌流、基业长青。

为深入学习贯彻党的二十大精神，上海交通大学持续开展科学家精神的挖掘、展示与研究工作，陆续形成以杰出校友科学家为主体的"科学家精神研究书系"，这本《嘉木成荫 墀耀万春——杨嘉墀画传》为其中之一。该书是在上海交通大学主办"科教兴国 开创未来——'两弹一星'功勋科学家杨嘉墀校友专题展"文图基础上，撷其精华，文图并茂，编撰而成。全书凸显了杨嘉墀院士爱国、创新、求实、奉献、协同、育人为内涵的新时代科学家精神，不仅鲜活展示了他学术生涯中极富个性化的印记，更真实记录了中国现代科学技术事业发展历程的艰辛与辉煌。

百年科学砥砺奋进，百年精神赓续永存。杨嘉墀等老一辈科学家们面对当年新中国的"一穷二白"，坚持独立自主、自力更生，铸就了以"两弹一星"为代表的一座座科技丰碑。他们是国之脊梁，民族之光。他们是青年学生追随的榜样，更是科研工作者的标杆和表率。

希望这本书，能够激励当代青年汲取老一辈科学家的精神力量，肩负起科教兴国、航天强国的责任和使命，把理想追求融入全面建成世界一流大学的伟大事业中去，为实现党的二十大提出的实施科教兴国战略，强化现代化建设人才支撑，为实现高水平科技自立自强、全面建设社会主义现代化国家、全面推进中华民族的伟大复兴，不断做出新的更大的贡献。

目 录

第一篇

砥砺成才
矢志报国

杨嘉墀从小进入学堂读书，从吴江丝业小学、震属中学、上海中学，受到爱国教育，志存高远；再到交通大学、哈佛大学，一路奋发求知，科技救国的心愿矢志不渝。

古镇启蒙　求学沪上

　　1919年9月9日（农历己未年闰年七月十六日），杨嘉墀出生在江苏吴江震泽镇的一个丝业世家。祖父杨文震希望他能成为国家繁荣的一级台阶，为振兴中华做出贡献，为他取名"嘉墀"。在父母杨澄蔚（字扶岑）、沈惠珍眼里，杨嘉墀是个"小淘气"，自小就爱动手、喜钻研。他相继就读于震泽镇丝业小学（今震泽镇藕河街小学）、震属中学（今震泽中学）。1932年，父亲举家迁居上海，杨嘉墀考入江苏省立上海中学，1937年高中毕业。他读书用功，敏而好学，尤擅工科，学习成绩总是名列前茅。

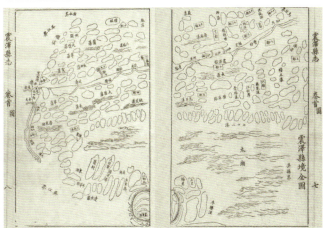

1 | 2
  | 3

1 震泽古镇今景。

2 杨嘉墀的父亲杨澄蔚、母亲沈惠珍（摄于 1956 年）。

3 杨嘉墀的祖父杨文震在临近底定桥的底定街开设隆
  昌震丝经行，经营成震泽镇最具代表性的丝经行，
  走实业救国之路。在杨嘉墀的记忆里，底定桥俗称
  为大桥，是他年少上小学时早中晚必经之地。图为
  1893 年《震泽县志》中的震泽县境全图。

我进小学的时候，正好是帝国主义列强进一步侵略中国，特别是5月份国耻纪念的这个日子（5月9日），街上游行的人很多。开学的第一天，当时爱国诗人柳亚子先生到小学来作报告。

——杨嘉墀（2004年）

1 1926 年丝业小学增设初中班，改称"丝业公学"。图为校门旁上书"丝业公学"的
石质界牌。

2 1923 年落成、目前仅存的丝业小学前楼。

3 20 世纪 20 年代至 30 年代间，震属中学的校门（上）、尊经阁（下）。

江蘇省立上海中學錄取新生高中普通科一年級

(正取生)左文淵

陸修 顧金梅 黄

潘乃斌 宋焕 沈匡興 石庭輝 余鼓鑾 唐本辰 薛鎔 徐保黄 石庭耀 楊俊保 高金根 袁姿詩 (以

徐學周 陳冠夏 吳芳綸 周晃 徐紹唐 呂興發 舒根榮 熊尚淮 沈文資 張哲民 蕭道良 唐蓉芳 黄同

徐昭隆 王家鈞 張延軒 盛鋁晴 李慶魁 湯翻 袁其能 陳朗璋 蔣士芳 顧德明 張俊彥 邱鋆鈞 渠健

談素 顧騁幸 黄家祥 黄熙年 王毓英 陳正璋 蔡致模 高中普通科二年級(正取生)孫方錦 俞言昌

王蔭生 梁澄德 陳錦淦 金振璇 王鼎茂 王一高 周永年 徐錫橋 林化賢 顧龍光 (以上由本校初中保送)

宋保祥 施熙蒲 張淡培 楊經培 錢振賢 劉若 吳名逵 甄思桓 王逸丁 孫伯生 莊昌閱 陶允嘉 施材

張進蒲 (升學組正取生) 趙彰明 施貽徵 陸燕廷 魏荷秀 陶德券 俞鑑器 司徒潤爵 朱金棣 史有容 (以

李寶芸 胡劉芳 任芳典 魏智晉 范燈明 祝蔭根 陳國璞 溫懷瑜 任德綱 陶斐成 顧秀先 蔣恒芹 汪

周儒 倪嗣全 (升學組備取生) 金燒 高鍾芳 沈承裕 朱郎耆 吳經徵 初中一年級秋季(正取生) 曾錩

小保送) 陶保初 吳錦英 盛雉經 (以上由本校鄉小保送) 薛金福 吳金盈 劉慎楨 翁葵仙 顧珊時 朱建

唐金甫 周增榮 王壽鑑 鄭琛森 黄善雄 顧奕恩 宋名適 曾有德 方興民 陳學謙 高言信 吳福珠 金淑

沈瑞慶 胡子森 符福[illegible] 黄藩鋆 董啟明 錢正平 楊燈鋆 錢明允 李鎮湖 胡永昌 袁慈錫 薛栢元 梁天

梅開基 傅定芳 陸文燕 任渝鳴 陸燦勳 沈健 鄒申康 范成勳 倪祥豐 黄宏 楊雲龍 張伯文 張金

楊聲潤 奚雪耕 李植慶 劉善本 徐維恭 唐永祥 陳靜錸 徐庶良 黄智祺 胡伯鑫 池陸法 項斯循 戴零

吳張梯 吳積沅 陸忠興 (備取生) 張松齡 張鳳定 郡飛勇 倪保珊 黄軒 鄭行健 龐關龍 徐鳳 顧

孟祥發 初中二年級春季 史關松 楊嘉燧 李樹婷 李良 初中二年級秋季 蔣樹民 陳顯 柯榮鑫 張

▲附告▼

(一)正取生以座位號數爲次備取生以成績優劣爲序(二)本校高初中

日攜帶准考各證到校並繳入學願書保證書及最近四寸半身相片二張如

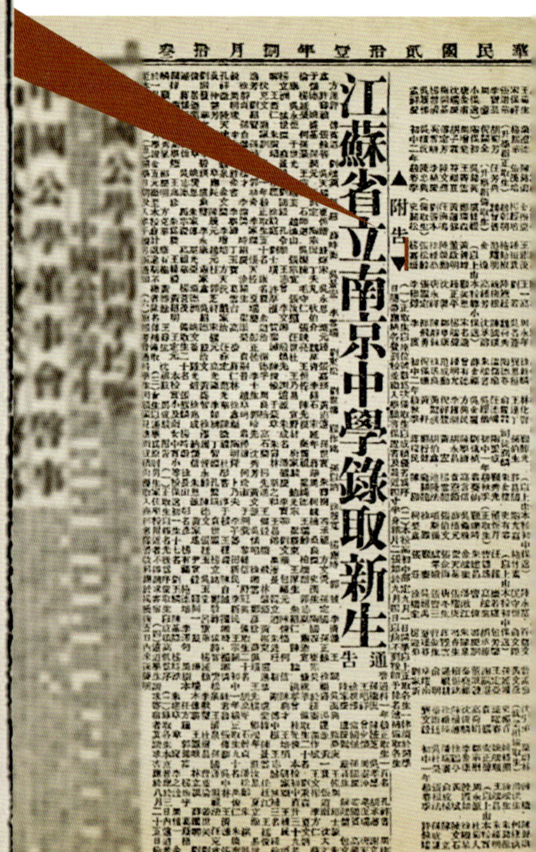

在上海中学，杨嘉墀学过钳工，车、铣、刨、磨的活儿，样样都干过。他还学过铸工、锻工，打过铁，甩过 12 磅重的大榔头，锤炼了他吃苦耐劳、不畏困难的品格。

1 ┃ 2 1 1932 年 8 月 13 日《申报》刊登的江苏省立上海中学录取新生名单。
      2 20 世纪 30 年代，江苏省立上海中学的牌楼（上）、高中部校景（下）。

1 2 3 1 杨嘉墀在上海中学的初中入学照。（1932 年）

2 杨嘉墀在上海中学的高中毕业照。（1937 年）

3 与杨嘉墀同届的交通大学校友顾家骥寄给他的珍贵照片：1937 年 12 月
交大上中同学会在上海青年会聚餐后合影留念（杨嘉墀为后排左四），
照片背后写有说明和同学名单。

太平園

1937年□月□日文大上中同学今在上海青年会聚餐后合影留念
（自左右，自上而下）

嘉堃学長兄：
日前寄奉多年来上中
仲诸同学近影一帧
请□□□□□□□

□□□□□□
□月十五日

丁湘生　高邵章
东澄如　顾家骥　薛光宇
黄克涵　雁志良　邵司初　杨德源
赵颂傾　顾雪璧　董棠祥　不详
张明南　张兰祥　顾启祥
蒋申清　朱德潜　姚志莱　朱凤家
彭瑞定　徐修憲　王天一
柏嘉犇　陈邪圻　不详
李述制　施颖东　孟庆元
章文林　钟振林
康若盧
陈士绅　朱祺□　周镜文

说明：①如有错误，请来函告知。②请查询下列几位同学笔：路灵洗，续若横，盛不味，……。③姓名不详的几位同学：请本人及其他知情同学函告。

通信处：①上海虹桥路963号　周镜文
②北京景山东街11号　顾家骥

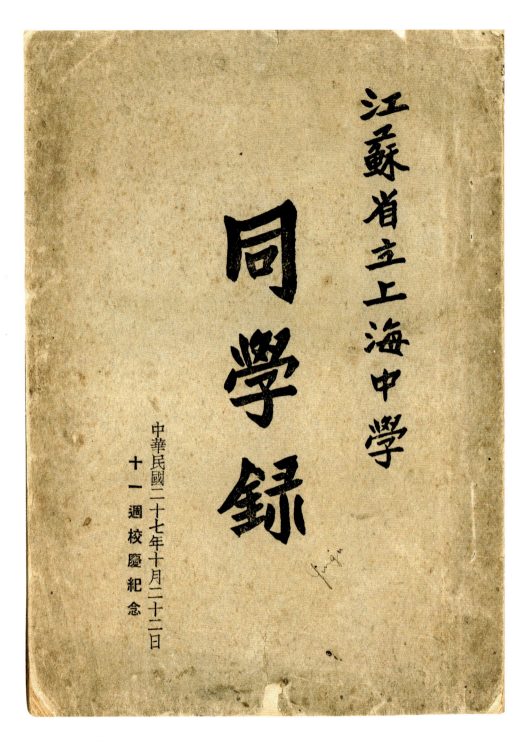

江苏省立上海中学：《江苏省立上海中学同学录十一周年校庆纪念刊》，1938年。

交大求知　干霄凌云

　　1937年，杨嘉墀以工学院电机工程系第三名的好成绩被交通大学录取。时值淞沪抗战爆发，交大校园被日军占用，师生被迫转入上海租界艰难办学，临时租用震旦大学和中华学艺社部分校舍。杨嘉墀在纷飞炮火中度过了大学四年。

杨嘉墀大学一、二年级上课的震旦大学红楼，现为上海交通大学医学院校舍。（上海交通大学医学院档案馆提供）

1

1 杨嘉墀大学三、四年级上课的中华学艺社
（下），现属上海文艺出版社（上）。

交　通　大　學

姓　名 楊嘉墀　別　號 　（中文）　　　　　　　（英文）　註冊號數 1732

性　別 男　　年　歲 一八　籍　貫 江蘇吳江

臨時通信處 上海天后宮橋天潼路怡如里九號

永久通信處 震澤隆昌褰絲行義文義路四六〇弄二七號

家　長 楊扶岑　別　號　　與該生之關係 父子　職　業 商

通信處

保證人　　　別　號　　與該生之關係　　　職　業

通信處

曾在何中學畢業 江蘇省立上海中學

　　1. 在該校肄業幾年 五年

　　2. 何時畢業 民國二十六年七月

曾在何大學肄業

　　1. 在何年級

　　2. 何時離校

　　3. 是否轉學

入　學　試　驗　成　績

科　　　目	分　數	科　　　目	分　數	科　　　目	分　數
國　文	33	黨　義	22	英　文	35
解析幾何	81	世界史	25	化　學	71.5
代數	79	世界地理			
三角		物　理	89		
總平均分數 62.21			名　次 3		

在　校　狀　況

入　學　年　月	所入學院年級	
休學年月起迄	原因	
停學年月起迄	原因	
留級年月	所留年級	原因
退學年月	原因	
畢業年月	名次	
備註		

1937年，杨嘉墀的交通大学入学登记表。（原件藏于上海交通大学档案馆）

姓名	性別	年齡	籍貫	學歷	入學年月	科學院	系級	證件號數	備考
秦瑛瑞	男	一八	上海市	省立上海中學	廿六年十一月	工學院電機工程系	一	畢業證書	
福蘊垠	全	一九	江蘇吳江	全	全	全	全	全	
黃克市	全	一九	浙江瑞安	全	全	全	全	全	
董宗祥	全	一八	江蘇吳江	全	全	全	全	全	
盧章夏	全	二一	廣東大埔	省立揚州中學	全	全	全	全	
劉鋅	全	二二	江蘇泰縣	全	全	全	全	全	
金琥	全	二二	江蘇高郵	全	全	全	全	全	
余高斗	全	二二	江蘇沭陽	全	全	全	全	全	

姓名	性別	年齡	籍貫	學歷	入學年月	科學院	系級	證件號數	備考
張而溫	男	一九	廣東黃縣	正始中學	廿六年十一月	電機工程系	一	畢業證書	
武書鼎	全	二〇	浙江定海	南洋模範中學	全	全	全	全	
曾顯鈞	全	一九	浙江鄞縣	全	全	全	全	全	
吳勵室	全	一七	福建閩侯	全	全	全	全	畢業證明書	
顧繼能	全	一九	江蘇常熟	南洋中學	全	全	全	全	
俞百祥	全	二〇	浙江慈谿	全	全	全	全	全	
陳明哲	全	一九	福建閩侯	福州英華中學	全	全	全	全	

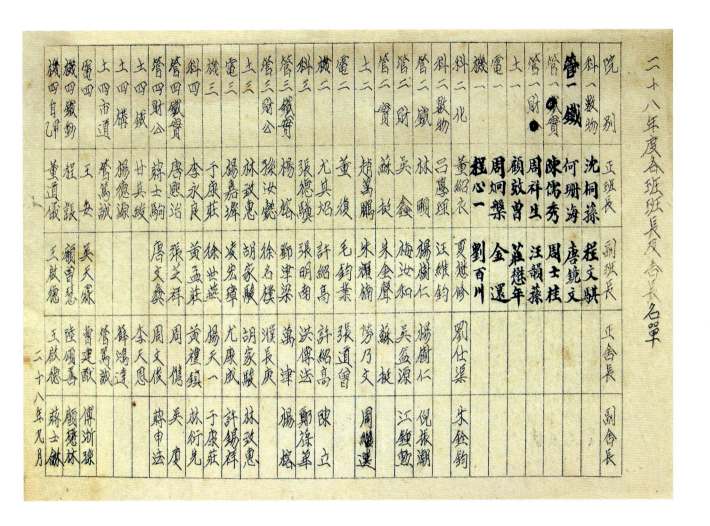

院別	科一數物	科一化	機一	電一	土一	管一財	管一鐵	管一財	管二財	科二數物	科二化	電二	機二	機三	科三	電三	土三	管三財公	科四	機四	管四財公	管四財寶	土四市道	土四橋	土四鐵動	電四	機四鐵動	機四自己申
正班長	沈桐蓀	黃紹衣	程心一	周炯樂	顏敬曾	陳寓秀	何珊海	唐鏡文	吳鑫	呂傳理	林頤	張德驥	尤其焜	董復	趙萬鵬	蘇趙	楊德龍	孫汝懿	李永良	唐熙治	蔣士駒	甘其綬	楊德源	程龖	王安	董道儀	程攉	
副班長	程文騏	夏懋修	劉百川	金選	汪韻藻	周士桂	唐鏡文		蘇超	汪維鈞	楊樹仁	梅汝和	朱金聲	宋耀櫛	毛鈞業	許紹高	張明南	鄭聿梁	胡家驥	徐名懷	黃芷莊	張芝祥	唐文燕				王啟德	顏曾慈	吳天霖
正舍長	程文騏	劉仕渠	周繼選	周繼選	江韻勳	張道會	勞乃文	蘇乃源	吳孟源	楊樹仁	倪振潮	陳立	鄭涤革	許紹高	洪偉岧	許紹高	濮長庚	萬津	胡家駿	尤康成	楊天一	周傳鎮	薛鴻達	李天恩	管萬誠	曹建猷	陸頌善	王啟德
副舍長	朱銓鈞	朱銓鈞	江韻勳	周繼選						楊樹源		陳立	鄭涤革		陳立		林欬惠	楊搭	林欬惠	于康莊	許錫祥	林衍先	吳廈	蔣申法		傳浙琛	顏懋林	蔣士儆

二十八年度各班班長及舍長名單

二十八年九月

1　交通大学工学院电机工程系录取新生一览。（1937 年）

2　杨嘉墀入学考试成绩名列第三，由于第一、第二名未来
校报到，按照交大成绩第一名担任班长的老传统，杨嘉
墀担任班级班长。

1 | 2

杨嘉墀在交通大学读书时的校长黎照寰与工学院院长张廷金

1｜2

1 黎照寰（1888—1968），字曜生，广东南海人。1929—1930 年以铁道部次长兼任交通大学副校长，1930—1944 年任校长。任职期间推行建教合作，注重教研结合，广延名师，造就新中国成立前交通大学的"黄金时期"。

2 张廷金（1886—1959），字贡九，江苏无锡人。1909 年毕业于于南洋公学中院，同年考取我国首批庚子赔款留美生，赴美留学。1915 年起执教交通大学，相继担任交大电机系主任、工学院院长、交通大学校长。在张廷金等人的努力下，交大电机工程教育成效显著，人才辈出，成为"我国电机工程师的摇篮"。

交大胡敦复老师反复讲了几十遍"y 是 x 的函数，当 x 有△x 的变化时，y 必然有△y 的变化，△y／△x 之比当△x→无穷小时，△y／△x 之极限就是 dy／dx"，当每个同学都能倒背如流以后，胡老师的授课进度才一泻千里，不用费多少劲，学生能够融会贯通。

——《杨嘉墀院士传记》，第 39 页。

杨嘉墀的大学师长

1 微积分教授胡敦复

2 物理教授裘维裕

3 机械教授胡端行

4 热力工程教授陈石英

5 交流电机教授钟兆琳

6 直流电机教授马就云

7 力学教授杜光祖

交大求知　干霄凌云

電機工程系

二年級

（内機の一班有…）

科目	第一學期（每週時數）		第二學期		教授
微分方程	三		三		張辰鴻
物理	四		三		黃席棠
應用力學	四		四		楊頤薦
機械畫	三		一		
機械實習	三		一		
電工原理（二）	三		四		張思侯
電磁實習	一		一		龔鴻曾
機動學	三		三		
平面測量（測）	二		二		康時清
物理實驗	三		一		
體育	二		一		

三年級

科目	第一學期（每週時數）		第二學期		教授
電工原理（三）（電路學）	五		四		廬
電工原理（四）（交流電機）	三		五		
電工原理（五）（真空管）	三		三		張鍾俊
熱力學	四		四		
水力學	三		三		
電話工程	二		三 電訊組		
工程電子學	二		二 電訊組		
德文	三		三		
體育	二		二		廬貌章
共計					

科目		第二學期	教授
電工原理（六）（交流電路）	五	四	電力組
電工原理（七）（配電工程）	四	一 電力組	陳秋平
熱工實驗		電力組	張鍾俊
電工原理（八）	四	三 電力組	嚴暇
專題討論	二	三 電訊組	張鍾俊
電訊實驗	二	三 電力組	嚴暇
電機設計	三	三 電力組	陳秋平
電話工程	四	四 電訊組	陳秋平
電訊傳遞	三	一 電訊組	陳秋平
電話實驗	四	四 電訊組	張思侯
無線電工程	三	一 電訊組	張思侯
無線電工程實驗	三	三 電訊組	張思侯
德文	三	二	
共計			

一年级　二年級　三年级

（右側名簿）

三年级
吴天霖　薛先宇　陈巽之　殷问午　李华桐
张遇通　王安　陈徒祜　吴留中　宋丽川
曹建献　郑佐卿　胡汉泉　舒子苑
（导师马就云）
朱往浩　施燿束　萬开先　傅浙孙　周文晋
戴策　何果　钱汝轼　王孝達　黄子长
范廣禧　周威先　王徒峻
（导师史钟奇）

二年级
陈继祐　黄克浍　武書彩　曹题钧　杨嘉墀
朱祺瑶　張而冯　吴励堅　陈明哲　徐高斗
金滕　俞百祥
（导师钱㷆桢）

一年级
董復　项斯循　陈镐　施皙明　黄㥽春
凌宏璋　周念谟
（导师居崑）
王達　許錫祥　王興蔚　高怀蓉　蒋福龄
刘铮　蓝章夏　董宗祥　黄维公　尤康成
郭鸿翰　毛钧业　唐庆千　沈顺长　倪保珊
陈丹華
曹敬仁　吴兢昌　沈祖恩　黄天生　朱圭
丁渝　叶庸庆　杜庆菅　吴文華　朱業旭
孙友洪
（导师李志旺）

（右下名簿）

電力門
武書鼎　二浙江　四定海
朱祺瑶　二江蘇　三上海
陈明哲　三福建　三閩侯
曹顯鈞　三浙江　三鄞縣
陈繼能　三江蘇　三常熟

吴励堅　一福建　三閩侯
張而冯　三山東　三黄縣
劉錚　二江蘇　六春縣
許錫祥　三浙江　三吴興
董宗祥　二江蘇　三吴江

黄同蔭　二安徽　三合肥

電信門
楊嘉墀　二江蘇　三吴江
尤康成　三江蘇　六武進
俞百祥　二浙江　四建德縣
高怀蓉　四江蘇　三常熟
凌宏璋　二廣東

王達　五江蘇　五無錫
蓝章夏　三廣東　三大埔
姜爾壽　四江蘇　三武進
周裕如　二江蘇　三無錫

---

1 2 3

1 电机工程系二、三、四年级课程表

2 1938年起，交通大学实施导师制：由校长聘请各院长、系主任及各院推荐之正、副教授，专任导师；各院学生十五人为一组。杨嘉墀的导师为钱㷆桢（机械工程、内燃机教授）。

3 电机工程系在一、二、三年级不分专业，四年级分为电信门和电力门，杨嘉墀选择了电信门，专业注重电话、电报及无线电之构造。

交通大学素有"起点高、基础厚、要求严、重实践"的教学传统，杨嘉墀怀着学好知识、抗日救国的崇高理想，刻苦学习。他的成绩在班上一直名列前茅，并多次获得奖学金。课余时，他加入有志研究科学的青年组织——科学生活社，曾担任该社科普杂志《科学生活》的编辑。

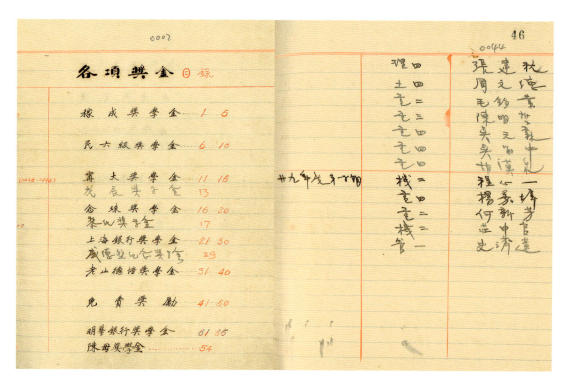

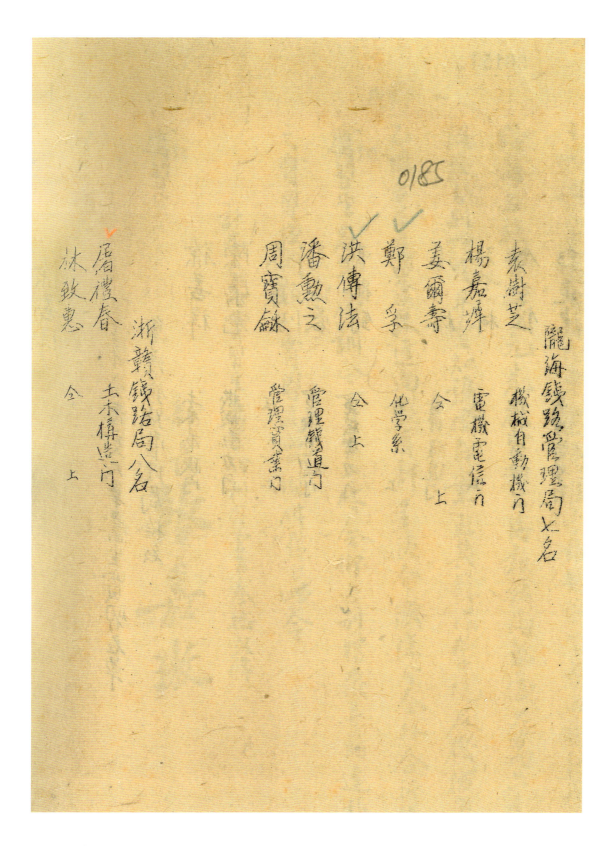

1 1940年第一学期，杨嘉墀荣获学校"免费奖励"的奖学金，予以退回一学期学费。

2 求学交大时，杨嘉墀担任科学生活社科普杂志《科学生活》的编辑。

3 1941年初，临近毕业的杨嘉墀由交通部分配至陇海铁路管理局工作实习。

1941 年夏，杨嘉墀以电机工程系年级第一的成绩从交通大学电机系毕业。

工學院 學院								電機工程系科系門
學 年	一 年 級		二 年 級		三 年 級		四 年 級	
	第一學期	第二學期	第一學期	第二學期	第一學期	第二學期	第一學期	第二學期
學 分 總 積	1439.60	1553.30	2284.00	2295.60	2712.60	2473.40	1647.00	1803.00
平 均 成 績	84.68	81.75	87.85	88.29	87.50	88.34	91.50	90.15
學 分 總 數	17	19	26	26	31	28	18	20
畢業成績 87.51				學分合計 185				

學年	學期	學 科	每週鐘點	學分	實得積分	學期考分	平均成績	補考成績	補讀成績	備註
一年級	第一學期	國 文	3	2	75	80	77			
		英 文	3	2	64	73	676			
		物 理 講 授	3	3	554	376	93			
		化 學 講 授	3	3			788			
		微 積 分	4	4			965			
		圖 形 幾 何	6	3			83			
	第二學期	國 文	3	2	76	60	69			
		英 文	3	2	68	63	66			
		微 積 分	4	4			875			
		物 理 講 授	4	3	537	38	917			
		化 學 講 授	4	3			77			
		機 械 圖	6	2			855			
		圖 砂	3	1			85			
		測 量 及 實 習	4	2	51	556	866			
二年級	第一學期	力 學	4	4			917			
		物 理 講 授			466	358	824			
		物 理 試 驗					77			
		工 程 化 學	1	1	585	32	71			
		化 學 試 驗					80			
		機 械 原 理			98	100	99			
		微 分 方 程 式	2	2	100	93	97			
		機械工程設備	3	3	45	46	91			
		機 械 計 畫					98			
		金 工 實 習	3	1			85			
		德 文	3	3	32	402	72			
	第二學期	力 學	3	3			94			
		物 理 講 授			524	588	912			
		物 理 試 驗	3	2			81			
		工 程 化 學	1	1			76			
		化 學 試 驗	3	2			80			
		材 料 力 學	3	3	546	30	846			
		金 工 實 習					78			
		機 械 原 理 畫	6	3			93			
		微 分 方 程	2	2	99	93	86			
		電 機 工 程 大 意	4	4	95	92	938			
		德 文	3	2	30	522	82			

學年	學期	學 科	每週鐘點	學分	實得積分	學期考分	平均成績	補考成績	補讀成績	備註
三年級	第一學期	熱 力 工 程	3	3	2		86			
		機 械 試 驗	3	4	2	4	80			
		直 流 電 機	3	4	3	2	911			
		直流電機試驗	3	3	2	2	946			
		量 電 學	2	3			96			
		水 力 學	3	1	3		86			
		蓄 電 池	3	1	3	1	85			
		工 程 材 料	3	3	3		91			
		機 械 計 畫	3	4	3	2	84			
		工 程 經 濟	3	3			75			
		化 學 分 析	3	3	2	3	85			
		工 程 數 學	3	2		1	89			
		德 文	3	1			80			
	第二學期	熱 力 工 程	3	3			92			
		機 械 試 驗	3	2			72			
		直 流 電 機	4	4			924			
		直 流 電 機 試 驗					946			
		量 電 學					928			
		機 械 計 畫	3	2			88			
		交 流 電 機	4	4			92			
		工 業 管 理	3	3			74			
		電 話	3	3			95			
		德 文	3	2			78			
		化 學 分 析	3	3			91			
四年級	第一學期	交 流 電 機 講 授	4	4			95			
		交 流 電 機 試 驗	3	2			90			
		電 機 計 畫	3	2			90			
		無 線 電 工 程	4	4			92			
		電 信 線 路	3	3			87			
		無 線 電 收 發	3	1			92			
		自 動 電 話	2	2			93			
		電 信 線 路 試 驗	3	1			90			
	第二學期	交 流 電 機 計 畫 講 授	4	4			91			
		交 流 電 機 試 驗	3	3			90			
		電 信 線 路 網	3	3			93			
		無 線 電 工	3	3			89			
		無 線 電 計 算	3	3			95			
		電 信 攝 影	3	2			90			
		電 報 學	3	3			95			
		無 線 電 收 發	3	1			87			
		無 線 電 試 驗	3	1			90			
		電 話 試 驗	3	1			92			
		內 燃 機	2	2			82			

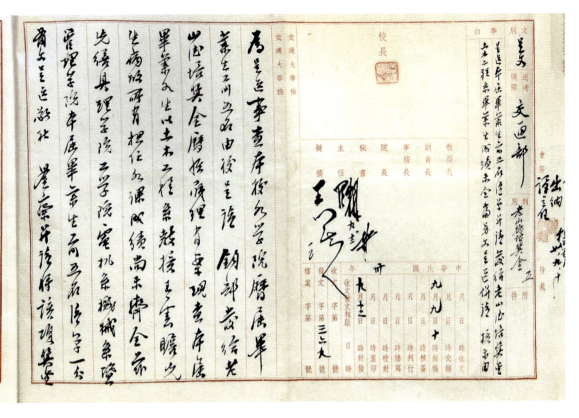

1 上海交通大学档案馆藏杨嘉墀的大学成绩单。他四
  年总学分合计 185，毕业成绩均分为 87.51，名列电
  机系毕业班第一名。
2 杨嘉墀毕业时成绩优异，获得老山德培奖金。
3 1941 年，杨嘉墀交大毕业时的留影。

> 日本军队打到了上海，刚考进大学的
> 我躲在了租界里，才避免了炮火的轰击。
> 然而，飞机轰炸连绵不绝的声响和战争的
> 混乱，仍然给我留下了强烈的印象。从那
> 时候起，我就意识到科学技术对一个国家
> 是多么的重要。
>
> ——杨嘉墀（1996）

交 通 大

Chiao-Tung

NANYANG COLI

To all to whom these Presents m

Be it known tha

YANG CHIA CH

having completed the studies and satisfied the

Bachelor of Science in Electr

has accordingly been admitted to that Degree with al

thereto appertainir

In witness whereof we have caused the Seal of the University and the Signatures

College of Engineering to be hereu

Given at Shanghai on the 28th day of June in the Thirtieth year of the R

Forty One A.D.

(English copy of the original diploma)

學

versity

Greeting:

ments for the degree of
gineering
hts, Privileges, and Honours

lent of the University and the Dean of the

hina, One Thousand Nine Hundred and

President

Dean

1941 年，杨嘉墀的交通大学英文毕业证书。（2020 年，杨西女士捐赠）

交大求知　干霄凌云

朱淇璋　陈明哲　金　滕
凌岩嶂
许锡桦　芝章麦　张西冯
刘　锦　尤康启
王　达　杨嘉墀　高恢蓉
吴励坚　武书鼎　周桧如
曹颛钧　黄克师陈继铍
董崇桦
姜尔寿　俞百祥　黄园荫

1941年4月

1941年毕业前夕，杨嘉墀（二排左四）与同届电机系同学在震旦大学红楼前合影，并在照片背后手写每位同学的姓名。

奔赴西南　初露锋芒

交通大学毕业后，杨嘉墀奔赴大后方，担任西南联合大学工学院电机学系助教。1942 年夏，西南联大电机系主任倪俊推荐他至昆明中央电工器材厂工作，先后担任工务员、助理工程师。1945 年，杨嘉墀研制成功中国第一套单路载波电话样机，于昆明博览会展出，并发表一系列研究文章。

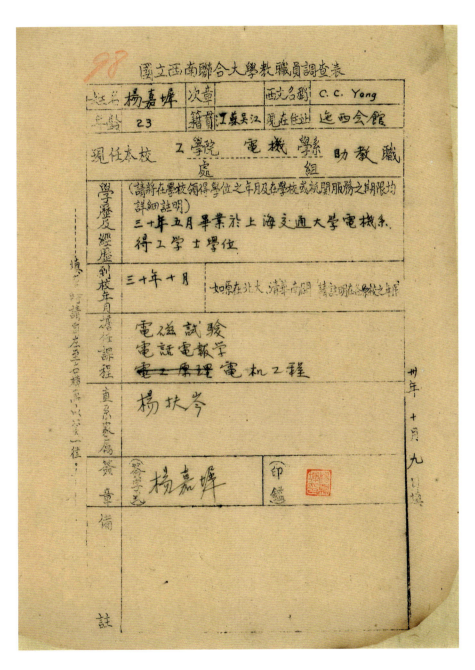

杨嘉墀手填的国立西南联合大学教职员调查表（1941 年），后有杨嘉墀本人签名及钤印。（清华大学档案馆提供）

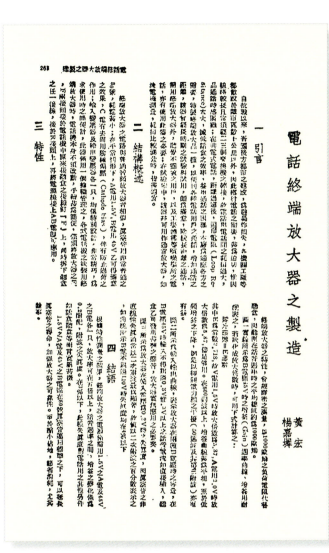

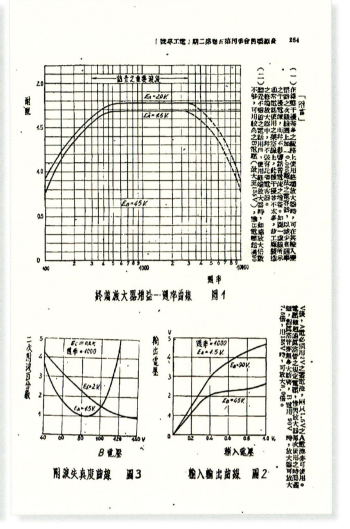

電話終端放大器之製造

黃宏　楊嘉墀

一　引言

二　結構概述

三　特性

四　結語

終端放大器增益—週率曲線　圖1

附波失真度曲線　圖3

輸入輸出曲線　圖2

1 | 2　1　昆明中央电工器材厂办公楼（上）、生产车间（下）。

　　　 2　黄宏、杨嘉墀合著《电话终端放大器之制造》，发表于《资源委员会季刊》（1945
　　　 　　年第 5 卷第 2 期，第 277—278 页）。

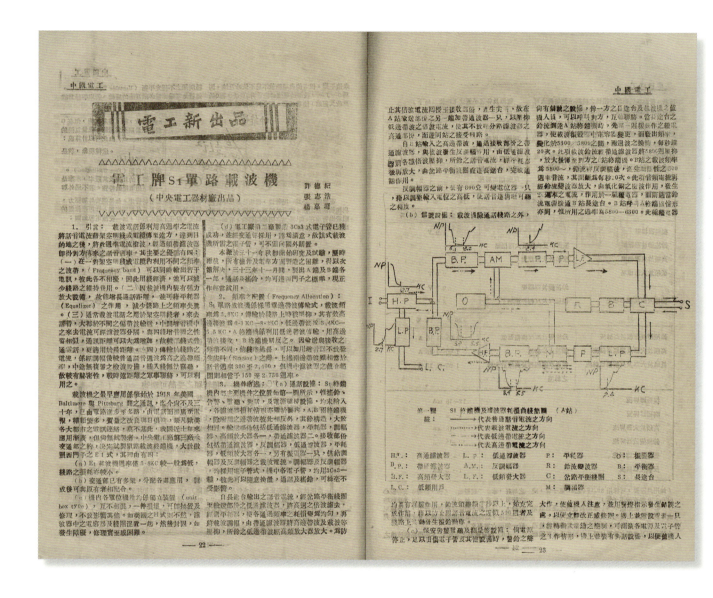

1　许德纪、张志浩、杨嘉墀合著《电工牌 S1 单路载波机》，发表于《中国电工》
（1945 年第 2 卷第 4 期，第 22—25 页）。

通話，惟聽發器則用高阻抗之綫路，使值機人可聽取A,B兩端之通話，而不使音響受影響。

（d）電源之供給：絲臨可任用12V及24V之直流電源，電壓內串接瓦氣與鎳製成之鎮流管（Ballast Lamp），使空管絲流可保不變。屏極電壓爲130V或220V眞流，可用普通B電，或全波整流器供電。柵壓可用乾電池聯或，或取自整流器。

電源及各電子管之工作情形如下：

屏	壓	130V ±10%
振盪器屏流		2— 4mA
調幅器屏流		1.5—3.5mA
高頻放大器屏流		10 —14 mA
鈴流變波器屏流		10 —14 mA
低頻放大器屏流		10 —14 mA
反調幅器屏流		2 — 4 mA

12 V	24 V	應 有 值
絲	壓	12或24V±10%
振盪器柵壓		12 V
鈴流變波器柵壓	振盪器及高頻放大器柵壓	
高頻放大器柵壓	低頻放大器柵壓	20 V
低頻放大器柵壓		
	鈴流變波器柵壓	27 V
調幅及反調幅器柵壓	調幅及反幅器柵壓	36 V
屏	壓	220 V ± 10 %
鈴流變波器振盪器絲流	鈴流變波器反調幅器低	1.05—1.15 A
高頻放大器及調幅器絲流	頻放大器絲流	1.05—1.15 A
低頻放大器及反調幅器絲流	振盪器調幅器及高頻放大器之絲流	1.05—1.15 A
振盪器屏流		12—18 mA
調幅器屏流		1— 3 mA
高頻放大器屏流		12—18 mA
鈴流變波器屏流		12—18 mA
低頻放大器屏流		12—18 mA
反調幅器屏流		1— 3 mA

（如用戶需要，可採用30,1F4及2V電子管，或6F6,6K6等交流電子管）

4. 技術問題：S₁單路載波機之能製造完成，實有賴于下列先決條件之圓滿解決：

（A）鐵粉鐵心之製造：鐵粉鐵心爲載波機中濾波器及綫圈之重要材料，亦製造上主要困難之所在，本廠于試製載波之初，卽着手鐵粉鐵心之研究，需要高Q值及極低之滑磁性，先後試驗鐵粉，絕緣材料，熱處理溫度，壓力，及各種配合之關係，最後達到圓滿適用程度。（參考本刊第一卷第六期專文）

（B）調量儀器之完成：本廠製造載波之

機器震工具均感缺乏，爲求測量之需要，乃自行設計製造者干精密之儀器如振盪器，調盪電容電或量之電橋，平衡載容器，可變標準電感器，標準電容器，諧電器動作局間測定器 Tm also (time measuring tes)等，上項儀器之配合，有助測驗及分析甚多。

（C）本廠承交通都第四工務所借價製之Bl式單路載波機A話一座，以爲細研究其特性，爲製造之藍本，解決不少問題。

（D）電容器準確度及穩定性之增進，在濾波器及各振盪器內，實甚重要，倘不牢硬，或緩過時間溫度及溫度之變異而發生變性，則影響倜載波機之通用，到工率因像又不能過大，故使用眞空浸膜及夾以膠緊之調幅方法，使電容量及工率固穩，得以完全控制，於裝入濾波器之前，除精細之校量外，倘須用800V直流電壓試驗，以防擊穿。

（E）氧化偏整流片之製造：S₁振鈴流路內由500~20~ 倜皆氧化銅之整流作用，氧化銅整流片，保本廠精良出品之一，可大量供國內供給。

（F）共振繼電器（Resonance Relay）之製造：此種繼電器在機械方面之構造，極其複雜，每具包括零件百餘種，精選精密之裝配及調整，粘性需其尤正確之某振動率，且更設收若干振器，防各人流加載影返浪，其響非如不德如穿一毫振特性，藉器需要，宜可迴避固許篤調率及繼路上之不提所發生之動作也。

5. 設計方面與德製E₁機之異諸：a.振盪器：本原S₁之振盪器，保採用督製之綫式心子，綫路繞路回饋式，但所產生之頻率極穩定，屏壓及絲流增減20%時，頻率可絲亳不受影響，較西門子之E₁式尤屬優良。b.鈴變繼電器作用之改進：S₁訊號，依安照通例，用500/20週率在同一載波振盪器上，乘 500 用此振變電需率20~，低則語音中含有 500倒波，倘此型較穩絲高之共振繼電器有無眞操作用之設備，B期管可顯生振動作用。E₁之鈴變繼電用用 500 余電子管8只，本廠則予以精細改進，用8-1-8，但在能電需率等絲化，作用相間而驗心濟。

6. 結論：本版製造單路載波機得經初次，而在我國科泰製發之時，各頃材料須自行設計，製造需尚中間所遇之困難勝多，幸從逐一解決于製造之後，期分離之輸出電壓接在押用電率引過90~，其振所含中含有500週率，倘載路同類期可能有之分別外，A,B兩方之用戶綫圈可載載繼電器約四皆之綫路損耗，故中間站設置分路濾波器兩圈，卽可與兩絡端種之普通用戶彼此通話，若共途使用8.2m/m之裸鋼綫，卽在500公里距

聲，中間可不設幣電機（Repeater）。本機者改用1F4.6F6.6K6等五極管，則通話距離更可增加，又其中分路濾波器（Line Filter）一項，可以單獨出器，交通都者次訂製之一批，已全都交貨，其構造爲一高頻濾波器與一低頻濾波器連速，電阻抗爲 600Ω，可與綫路直接配合，中間站裝置分路濾波器兩圖，卽可與兩絡端種之普通用戶彼此通話。

其應用如下圖。

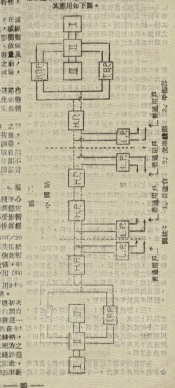

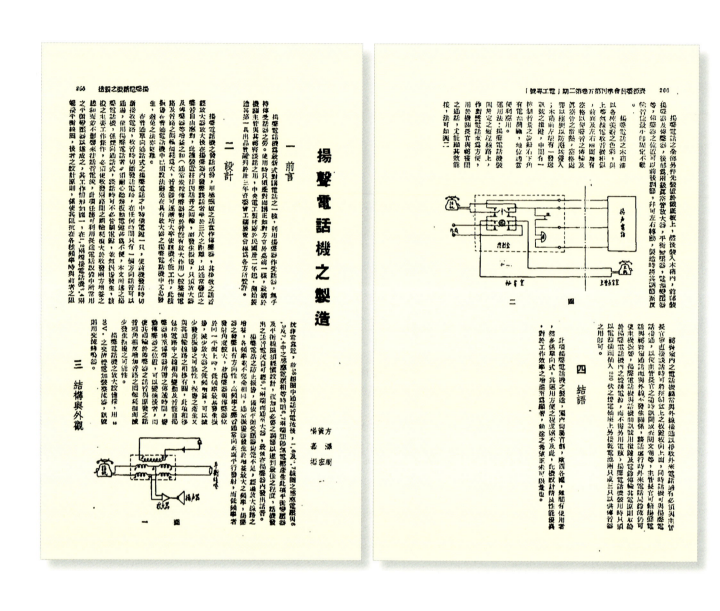

1 方泽周、黄宏、杨嘉墀合著《扬声电话机之制造》，发表于《资源委员会季刊》（1945 年第 5 卷第 2 期，第 279—280 页）。

留洋深造　学业有成

　　杨嘉墀在中央电工器材厂工作时，亲身体验到中国工业与先进国家间的巨大差距，决心出国学习，掌握先进的理论与技术。1947年1月初，杨嘉墀动身前往哈佛大学，就读于文理学院工程科学与应用物理系。留学期间，他不仅主修哈佛大学课程，还选修麻省理工学院课程，自春徂冬，胼手胝足，如同勤劳的蜜蜂从百花丛中汲取营养，形成理工结合的优势。1949年，杨嘉墀以《傅里叶变换器及其应用》的论文通过答辩，获哈佛大学哲学博士学位。

$\frac{1}{2}$

1　1947年春，杨嘉墀（右三）与曹建猷（左二，1940届交通大学电机工程系校友、中国科学院院士）等同学在波士顿海边留影。

2　杨嘉墀出国留学用过的箱子。

1|2

1　美国留学期间，杨嘉墀（右一）与王安（中，1940届交通大学电机工程
　　系校友，1951年创办王安实验室，后成为"电脑大王"）、朱祺瑶（左一，
　　1941届交通大学电机工程系校友，1980年在麻省理工学院设立上海交大
　　留学生奖学金）、曹建猷（右四）等同学聚会。
2　杨嘉墀在美留学期间留影。

1947 年，杨嘉墀在美国波士顿郊区学习滑冰。

扫描可
观看视频

1

1 1947年4月8日，杨嘉墀与美国波士顿交大校友们在富兰克林公园聚会，庆祝母校交大51周年校庆。此录像影片摄制者为曹建猷，中有钱学森（1934届）、钟士模（1936届）、杨嘉墀（1941届）、姚哲明（1942届，穿白大衣者为曹建猷夫人）、张思侯（1934届）。（曹建猷之子曹康白提供）

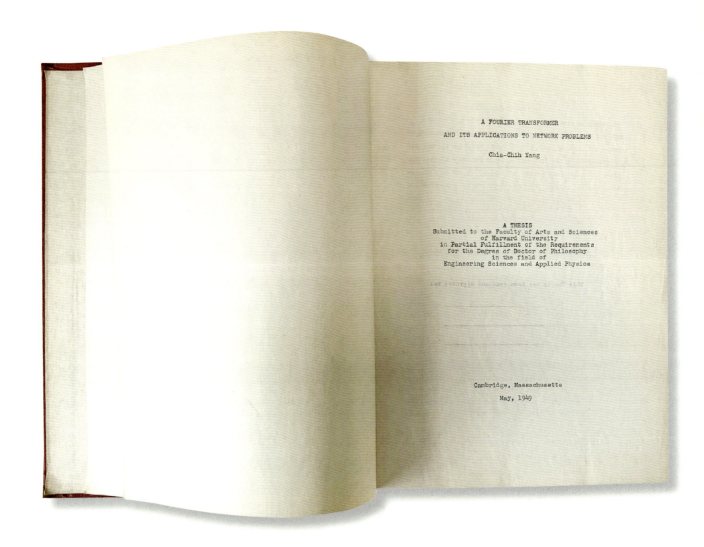

1 | 2　1　杨嘉墀的哈佛大学博士论文：《傅里叶变换器及其应用》（*A Fourier Transformer and Its Applications to Network Problems*）。（1949 年）

2　杨嘉墀的哈佛大学成绩单。（1949 年）

HARVARD UNIVERSITY — GRADUATE SCHOOL OF ARTS AND SCIENCES

Yang, Chia-chih

S.M., October 1947
Ph.D. June, 1949

(on admission)   B.S. Chiao-Tung Univ. 1941

46-7 FIRST YEAR ring Term	GRADES Course	Half-Course	1947-48 SECOND YEAR Summer Term	GRADES Course	Half-Course	1948-49 THIRD YEAR	GRADES Course	Half-Course	FOURTH YEAR	GRADES Course	Half-Course
Science 15b		A+	Physics 28		B	Applied Science 211		A			
" 21b		A	" 31		B	(fall)					
" 23a		A	*Electrical Engineering			Applied Science 322		A			
" 24b		A	(MIT) 6.651		H	(fall)					
			*Electrical Engineering			Laboratory Privileges					
			(MIT) 6.58		H	(spring)					
			Fall Term			*Courses taken at the Massachusetts Institute of Technology					
			Applied Science 26a		A	where the scale of grades is as follows:					
			" " 27a		B	H passed with honor					
			Physics 40a		B	C passed with credit					
			*Electrical Engineering		H	P passed					
			(M.I.T.) 6.562			L barely passed					
			*Electrical Engineering			F conditioned					
			(M.I.T.) 6.563 (audit)								
			Spring Term								
			Applied Science 20m		A						
			" " 26b		A						
$200			$200 $200 100			RESIDENCE COMPLETE $155					
ESAP											

Examination Passed for

mination Passed   for Ph.D. in Eng. Sci. and Applied Physics, May 23, 1949

d grades are A, B, C, D, and E. A grade of A, B, Credit, Satisfactory, or Excused indicates that the course
with distinction. Only courses passed with distinction may be counted toward a higher degree.

Date: MAR 14 1950

Universitas Harvardiana Cantabrigiae

in Republica Massachusettensium sita omnibus ad quos hae litterae pervenerint salutem plurimam dicit.

Quoniam Chia-chih Yang vir optimae spei qui per tempus usitatum cum omnia praestitit quae more institutoque nostro Scientiarum Machinalium Physicarumque Studiosis imperantur tum singulari diligentia Retium Electricorum studio specimine eruditionis oblato se dedidit idoneus est ab Ordine Academico iudicatus qui honores academicos adipiscatur Praeses et Socii Collegii Harvardiani consentientibus honorandis ac reverendis Inspectoribus ad gradum Philosophiae Doctoris eum admiserunt eique dederunt et concesserunt omnia insignia et iura quae ad hunc gradum pertinent. In cuius rei testimonium Praeses et Decanus auctoritate rite commissa die XXIII Junii anno Salutis Humanae MDCCCCXXXXVIIII Collegiique Harvardiani CCCXIII litteris hisce Universitatis sigillo munitis nomina subscripserunt

Jacobus Bryant Conant Praeses

Payson Sibley Wild Decanus

1 | 2　1 杨嘉墀的哈佛大学博士学位证书（1949 年）。

2 杨嘉墀的哈佛大学毕业照（1949 年）。

留洋深造　学业有成

　　哈佛大学毕业后，杨嘉墀前往宾夕法尼亚大学生物物理系工作，协助系主任钱斯（B. Chance）解决高速电子模拟机，随后研制成功自动快速记录吸收光谱仪，结束了光谱仪手动的历史，被专家称为"杨氏仪器"。由于他才华横溢，又被洛克菲勒医学研究所聘为兼职高级工程师。

UNIVERSITY INTRAMURAL CORRESPONDENCE

.January 11, 1951

Dr. Britton Chance
Johnson Foundation

Dear Dr. Chance:

　　I am writing to inform you that the Executive Committee of the Graduate School, at its meeting January 8, 1951, approved your recommendation that Dr. Chia-Chih Yang be permanently approved to give graduate instruction.

Sincerely yours,

Paul C. Kitchen

Assistant to the Dean

pm

THE REVIEW OF SCIENTIFIC INSTRUMENTS   VOLUME 22, NUMBER 9   SEPTEMBER, 1951

A Quarter-Square Multiplier Using a Segmented Parabolic Characteristic*

Britton Chance, Frederic C. Williams,† Chia-Chih Yang, John Busser,‡ and Joseph Higgins
The Eldridge Reeves Johnson Foundation for Medical Physics, University of Pennsylvania, Philadelphia, Pennsylvania
(Received February 19, 1951)

A circuit for multiplying two varying voltages based on the "quarter-square" method has been developed. A segmented nonlinear element is used for squaring, and a time-sharing scheme permits the use of a single squaring element instead of duplicate elements as in previous designs. The circuit has a time delay of less than 40 microseconds (0–67 percent) and has an accuracy of better than ±1 percent. The original circuit was designed to operate only in the first quadrant. Various methods for including the four quadrants are discussed.

INTRODUCTION

IN the course of the development of a fast analog computer§ for solving simultaneous nonlinear differential equations representing chemical reactions, the problem of designing a circuit for multiplying two variables was encountered. To suit the type of equations and range of parameters of our problems, the multiplying circuit has to satisfy the following requirements: (1) The error has to be less than one percent of the maximum operating range, (2) it has to be able to handle input variables that go to zero although they are always positive, (3) the time delay introduced by the multiplying circuit should be less than 50 microseconds, and (4) the components used should be insensitive to voltage and ambient temperature variations and reasonably stable with time. The third requirement is very important, because the multiplying circuits are situated in the feedback loop of the various computer setups for solving differential equations. Thus, excessive time delay will cause inaccuracies or even oscillations in the final results.

Most of the existing types of electronic multiplying circuits do not satisfy all these requirements. Multiplying devices using nonlinear circuit elements as in a logarithmic multiplying circuit have a restricted voltage scale which is usually not sufficient for the required accuracy and stability. Such elements usually exhibit the appropriate nonlinearity only at small voltages or currents and usually over a small range. The characteristics of crystal nonlinear devices change rapidly with temperature. Many systems for multiplication require either (1) a carrier system, like the automatic gain control method[1] and the double modulating method,[2] or (2) a feedback system like the crossed field method[3] and other cathode-ray tube methods.[4] These last two systems have a band-width limitation which slows down the response of the multiplier and raises stabilization problems. The present scheme uses the basic "quarter-square" method of multiplication of Mynall[4] but involves no feedback loop or cathode-ray tubes and permits the use of voltage scales large enough to avoid inaccuracy and instability. After use in the computer for almost a year, we can say that the multiplying circuit suits our purpose quite satisfactorily.

Considerable experimentation was carried out on a method for multiplication in which the slope and time duration of a triangular wave form represent the two variables to be multiplied. The desired product is then the peak amplitude of the wave form. A related method has been described by Hirsch[5] in which exponential

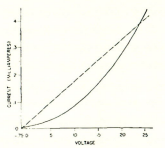

Fig. 1. Performance of parabolic function generator. (ac-11)

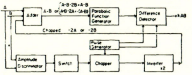

Fig. 2. Block diagram of quarter-square multiplier. (ac-9)

[1] Chance, Hughes, MacNichol, Sayre, and Williams, *Waveforms* (McGraw-Hill Book Company, Inc., New York, 1949), p. 674.
[2] McCann, Wilts, and Locanthi, Proc. Inst. Radio Engrs. 37, 954 (1949).
[3] A. B. MacNee, Proc. Inst. Radio Engrs. 37, 1315 (1949).
[4] D. J. Mynall, Electronic Eng. 19 (June–September, 1947).
[5] C. J. Hirsch, "A parametric electronic computer," a paper reported at the 1949 Inst. Radio Engrs. National Convention. The abstract was published in Proc. Inst. Radio Engrs. 37, 160 (1949).

* This work has been supported by the ONR, Contract N6-onr-24911.
† University of Manchester, Manchester, England.
‡ Now at Franklin Institute, Philadelphia, Pennsylvania.
§ To be published elsewhere.

1 | 2

1 宾夕法尼亚大学同意杨嘉墀指导研究生的信函（1951 年）。

2 1951 年，钱斯、杨嘉墀等发表在《科学仪器评论》的文章 A Quarter-Square Multiplier Using a Segmented Parabolic Characteristic。杨嘉墀创造性地采用一个抛物线函数发生器，完成 1/4 平方乘法器，即 A·B= 1/4[(A+B)² - (A-B)²]，解决了高速电子模拟机中的一项关键技术。

1 | 2　　1 1989 年，杨嘉墀在美国费城与钱斯（中）重逢。

2 1953 年，杨嘉墀与"杨氏仪器"合影。

THE REVIEW OF SCIENTIFIC INSTRUMENTS　　VOLUME 25, NUMBER 8　　AUGUST, 1954

A Rapid and Sensitive Recording Spectrophotometer for the Visible and Ultraviolet Region. I. Description and Performance

CHIA-CHIH YANG* AND VICTOR LEGALLAIS
Johnson Research Foundation, University of Pennsylvania, Philadelphia, Pennsylvania
(Received November 2, 1953)

A double-beam recording spectrophotometer has been developed for rapidly obtaining spectra of labile intermediates in biochemical reactions. Light from a monochromator is split into two beams by a chopping mirror and then the ratio of light intensities in two optical paths is measured. This ratio is expressed as percent absorption or converted electronically into units of optical density. Results are recorded on a linear wavelength scale at a maximum rate of 6 mμ per second. A servo system corrects the nonlinearity of the wavelength scale of the quartz monochromator. The noise level corresponds to a change of optical density of 10⁻⁴ at 400 mμ with a spectral interval of 3 mμ. The over-all accuracy on standard solutions (National Bureau of Standards) is about 2 percent. The air-against-air zero absorption line varies only 0.004 in optical density from 210 to 650 mμ.

1. INTRODUCTION

THE increasing application of spectrophotometry to different fields of science has recently stimulated various designs of automatic instruments which can record spectra directly as graphs of percent transmission or optical density against wavelength. The instruments developed by Hardy,[1] Coor and Smith,[2] Savitsky and Halford,[3] Kaye and Devaney,[4] Cary,[5] and others have given satisfactory operation under various conditions. An outline of the main features of the existing instruments working in the visible or ultraviolet region is shown in Table I, in which numerical values obtained from the references have been converted to the same units of optical density. All of these schemes use a double-beam arrangement for high accuracy and stability. Recently, however, the American Optical Company has developed a rapidly scanning spectrophotometer with a single-beam design. This instrument produces absorption spectra in the visible region (400–700 millimicrons) on the screen of a cathode ray tube 60 times per second. Both the noise level and the baseline of such a single-beam instrument will necessarily depend on the stability of the light source.

The present instrument was designed with sufficient sensitivity and versatility for biological and biochemical research. In addition to the great economy which was achieved by using very little mechanical work, the following requirements have been observed: (1) The apparatus should be sensitive to small changes

TABLE I. Comparison of double-beam recording spectrophotometers working in the visible and ultraviolet region.

Type	Modulation system	Light ratio system	Nature of recording	Wavelength scale mμ	Reproducibility in O.D.	Baseline error in O.D.	Speed	Remarks
Hardy (G.E.)	rotating polarizer	one phototube optical servo	absorption*	400–700 uniform	0.001	0.004	3 mμ/sec	
Coor & Smith	dc	two phototubes potentiometer	absorption	200–700 uniform	0.005	...	0.27 mμ/sec	error due to the balance correcting device
Kaye & Devaney (Beckman)	rotating mirrors	one phototube slit servo	absorption	210–2700 nonuniform	0.003	0.013	3 mμ/sec av.	noise due to the modulation system
Cary (Applied Physics)	rotating disk	two phototubes potentiometer servo	absorption or O.D.	210–600 uniform	0.01	0.004	1.25 mμ/sec in visible 0.5 mμ/sec in uv	uses double monochromator
This paper	vibrating mirror	one phototube electronic feedback	absorption or O.D.	210–650 uniform	0.001	0.004	6 mμ/sec in visible 2 mμ/sec in uv	

* Absorption is considered the same as transmission here.

* Present address: Rockefeller Institute for Medical Research, New York City.
[1] A. C. Hardy, J. Opt. Soc. Am. 28, 360 (1938).
[2] T. Coor, Jr., and D. C. Smith, Rev. Sci. Instr. 18, 173 (1947).
[3] A. Savitsky and R. S. Halford, Rev. Sci. Instr. 21, 203 (1950).
[4] W. Kaye and R. G. Devaney, J. Opt. Soc. Am. 42, 567 (1952).
[5] H. Cary, Ind. Eng. Chem. 39, 75A (1947).

801

RAPID AND SENSITIVE RECORDING SPECTROPHOTOMETER. I　807

placed in the two cuvettes (1 cm optical path) giving the baseline, trace a. A substrate, succinate, is then added to one cuvette (sample) so that the absorbing pigments in the particles become reduced, and trace b is drawn. The difference between traces b and a corresponds to the reduced-minus-oxidized spectrum.

ACKNOWLEDGMENTS
The authors are indebted to Dr. Britton Chance for suggestions and criticism. Thanks are also due Mr. Matthew Conrad for valuable discussions, and Miss Ruth Aney for helping in the preparation of the manuscript.

THE REVIEW OF SCIENTIFIC INSTRUMENTS　　VOLUME 25, NUMBER 8　　AUGUST, 1954

A Rapid and Sensitive Recording Spectrophotometer for the Visible and Ultraviolet Region. II. Electronic Circuits

CHIA-CHIH YANG*
Johnson Research Foundation, University of Pennsylvania, Philadelphia, Pennsylvania
(Received November 2, 1953)

The electronic photometer of a recording spectrophotometer is described in detail. Sources of error of the circuit and experimental measurements of the inherent noise of the system are discussed. A segmented diode circuit is described for converting data in absorption to units of optical density with an accuracy of better than 1 percent. The electronic circuit of the servo system to correct the nonlinearity of the wavelength scale is also described.

1. INTRODUCTION

IN a previous paper,[1] a recording spectrophotometer for the visible and ultraviolet region has been described. In this paper we will describe the electronic circuits and, in particular, the limitations placed upon accuracy by the circuitry and inherent noise of the system. The technique may be applied not only to recording spectrophotometers, but also to direct reading densitometers and in comparing emission spectra of light sources.

2. LIGHT RATIO CIRCUIT

In the time-sharing double-beam spectrophotometer the light falling on the photomultiplier follows a square wave form obtained by switching light alternately along the two paths of the spectrophotometer. We may call I_0 the emergent light flux in the reference path and I the light flux in the sample path. The switch S in Fig. 1, which is operated synchronously with the switching of the light, closes the automatic gain control circuit when the reference light flux is falling on the photomultiplier. Assuming infinite gain of the control circuit, output voltage from the cathode follower stage during this half-cycle should equal the reference voltage V_0, thus,

$$V_0 = (kI_0 + i_d)R + V_v, \tag{1}$$

where k is the sensitivity of the photomultiplier (a function of its dynode voltage), R the load resistance, i_d the dark current, and V_v the dc level change intro-

* Present address: Rockefeller Institute for Medical Research, New York City.
[1] C. C. Yang and V. Legallais (Part I of this paper), Rev. Sci. Instr. 25, 801 (1954).

duced by the cathode follower. During the next half-cycle when the light flux I is falling on the photomultiplier, the switch S is opened and the sensitivity of the photomultiplier is maintained the same as it was during the previous half-cycle. The voltage output is now

$$V = (kI + i_d)R + V_v. \tag{2}$$

Therefore the output of the cathode follower is approximately a rectangular wave, the amplitude of which is

$$V_0 - V = kR(I_0 - I). \tag{3}$$

Eliminating k from Equations (1) and (3), we have

$$V_0 - V = (V_0 - V_v - i_d R)\frac{(I_0 - I)}{I_0}. \tag{4}$$

Thus the ac component of the output voltage is proportional to the absorption of the sample in one light path with respect to the absorption of the reference cell in the other path. The effect of the zero level change due to the use of the cathode follower and the dark current of the photomultiplier enters only as a correction term to the reference voltage. By adjusting zero and gain control, two points in the detected output may be made to correspond to zero and 100 percent absorption; then one can measure the unknown absorption on a linear scale (Eq. 4). For a recording spectrophotometer, it is necessary to limit the variation of V_v and $i_d R$ over the spectrum to a small fraction of the factor $(V_0 - V_v - i_d R)$. By using a sufficiently high-level reference voltage (40 v) the change in V_v and V_0 due to drift in the cathode follower and in the comparison amplifier can be made negligibly small compared to the reference

---

April 17, 1953

Dear Dr. Yang:

　　On behalf of the Trustees of the University, I have been authorized to confirm your status as a member of the teaching staff as Associate in Medical Physics in the School of Medicine for a term of one year, beginning July 1, 1953 and ending June 30, 1954

Sincerely yours,

Donald K. Angell

Dr. Chia-Chih Yang
5417 Chancellor Street
Philadelphia, Pennsylvania

UNIVERSITY of PENNSYLVANIA
OFFICE OF THE VICE-PRESIDENT AND SECRETARY
PHILADELPHIA 4, PA.

Dr. Chia-Chih Yang
5417 Chancellor Street
Philadelphia, Pa.

THE ROCKEFELLER INSTITUTE FOR MEDICAL RESEARCH

66TH STREET AND YORK AVENUE
NEW YORK 21, N.Y.

23 July 1956

To Whom It May Concern:-

Dr. Chia Chih Yang has been in the employ of the Rocke-
feller Institute for Medical Research from July 1954 through
July 1956.

During that time he has been an electronic engineer con-
cerned with the design, development, evaluation and use of instru-
mentation to aid research in biology and medicine. In addition,
he has done some teaching of electronics to graduate students.

He has made outstanding contributions to the design of
spectrophotometers for the study of enzyme kinetics; and to
techniques for the measurement of response time in very-high-
impedance electrodes used in investigating neurone action pot-
entials. He has done considerable work in the design and re-
finement of analog computers, as well as devising suitable pro-
grams for their application to biological problems.

He has displayed imagination and initiative, and his relation-
ship with biologists and physicians has been one of co-operation
marked by pleasant personal feelings.

It is with considerable regret that I see him leave the
Institute.

J. P. Hervey

J.P.Hervey

(Senior Electronic Engineer)

1 1954 年，杨嘉墀在《科学仪器评论》发表关于自动快速记录吸收光谱仪的研究论文。

2 杨嘉墀被续聘为宾夕法尼亚大学研究人员（1953 年）。

3 纽约洛克菲勒医学研究所 J.P.Hervey 教授为杨嘉墀撰写的推荐信（1956 年）。

<table>
<tr><td rowspan="2">1</td><td>2</td><td>3</td></tr>
<tr><td colspan="2">4</td></tr>
</table>

1　徐斐，原籍常州，1922年生于上海，1947—1949年就读于美国波士顿音乐
　　学院，主修钢琴。

2　在美留学期间，杨嘉墀与徐斐因波士顿留美同学组织去缅因州旅游相识，之
　　后多次来往，走入婚姻殿堂。1951年，杨嘉墀与徐斐女士在波士顿举行婚礼。

3　徐斐在波士顿音乐学院前留影。

4　杨嘉墀与徐斐在美留影。

留洋深造　学业有成

家是归宿　报效祖国

　　杨嘉墀虽然身在大洋彼岸，却始终胸怀祖国赤子之心。他参加留美中国科学工作者协会、交大同学会等活动，时时关注祖国的消息。1949 年 10 月 1 日，中华人民共和国成立，他加紧回国的准备，除了埋头于科研工作，几乎不参加社会活动，拒绝"永久居留"等诱惑，默默等待归期。

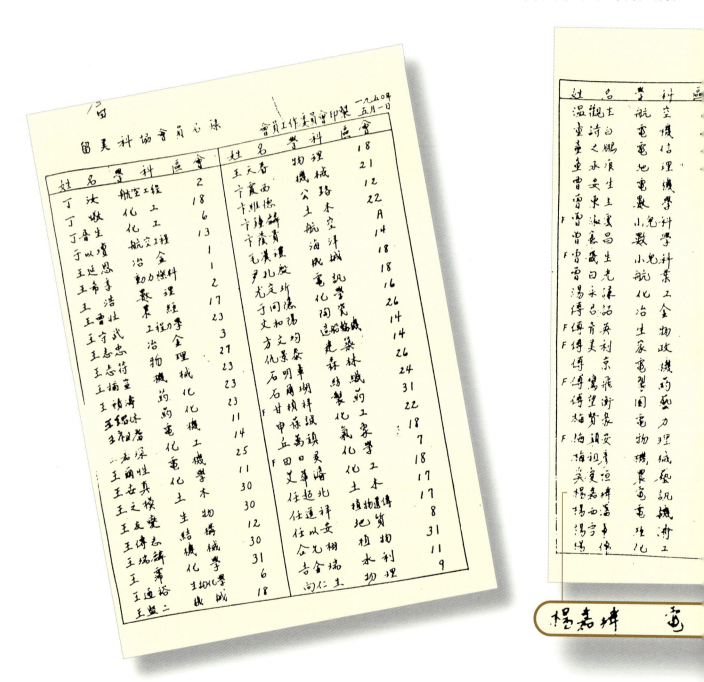

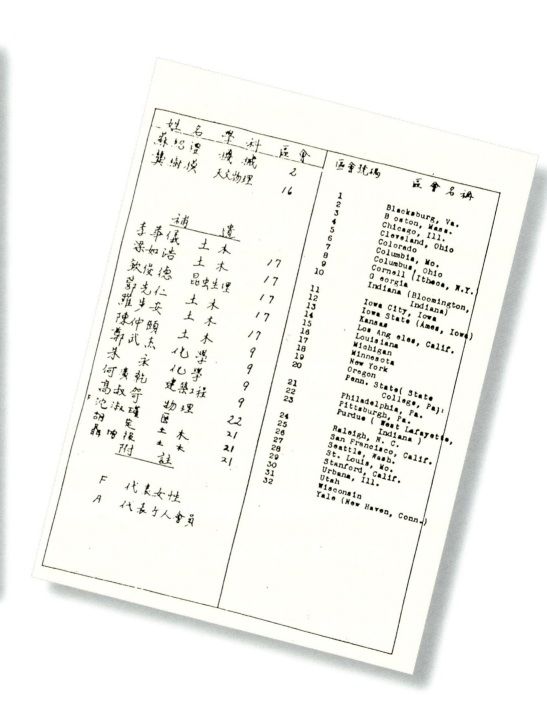

2

1 留美科协会员工作委员于 1950 年油印的《留美科学家名录》影印件。
（侯祥麟院士保存，段异兵研究员提供）

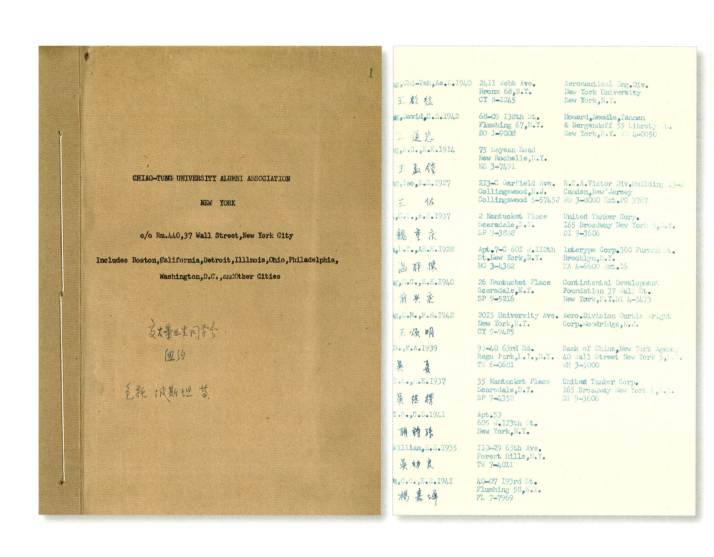

1 1955 年在美国的交大同学会人员名册。

2 杨嘉墀当时居住在纽约法拉盛 193 街 4007 号（40—07 193rd St. Flushing 58 NY），他于 1989 年 2 月重访纽约旧居。

回國留學生登記表

| 姓名 | 原名 | 楊嘉墀 | 变 CHIA-CHIH YANG | 性别 | 男 | 年龄 | 37 | 籍贯 | 江苏 吴江 | 留学地点 | 中文 外文 | 美 國 U.S.A. | 留学期间 | 自1947年1月起 至1956年8月止 |
| | 别号 | | 变 | | | | | | | | | | | |

| 专长科学 | 应用物理 | 技能 | 计算技术及电气测量学 | 文化程度 | 博士 |
| 懂何国语言 | 中,美 | 懂何地方言 | 上海,国语 | | |

离开留学地	1956年8月25日	船名	威尔逊总统号	路经何地	日本	停留几天	一	相
抵国境	1956年9月15日	地点	深圳					片
抵广州	1956年9月15日	回国途径未沈及数目	自费 连家属共约美金2000元					

回國原因　回國服務

回国后工作志願	研究	到何处	
目前经济状况	尚能维持	有无侨汇(每期)	
现住地	广州爱群大厦	以后通訊地址	广州府	上海方屏路297号七号
		永久地址	永久	同上

有何証件	証別	字第 号	件发照日期	发照地点
	学历証件	哈佛大学毕业証及成绩单		
	服务証件	宾夕法尼亚大学工作指定书及洛氏研究服务书		
	其他	香港过境証		

本人国内外学习及工作简历	那年月起	那年月止	在何地何部门做何工作及学习
	1937年9月	1941年6月	中文 上海交通大学电机系电讯门 外文
	1941年9月	1942年6月	中文 昆明清华大学电机系助教 外文
	1942年7月	1946年12月	中文 昆明及上海中央电工器材厂电讯厂 外文
	1947年1月	1949年6月	中文 Harvard University, Graduate School of Arts + Science 外文 哈佛大学研究助理
	1949年9月	1950年3月	中文 光电公司工程师 外文 Photo Switch, Inc. Engineer
	1948年2月	1949年9月	中文 哈佛大学研究助理 外文 Research Assistant, Harvard University
	1950年4月	1954年7月	中文 宾夕法尼亚大学研究员及讲师 外文 University of Pennsylvania Research Associate
	1954年7月	1956年7月	中文 洛氏研究所,电子学工程师 外文 Rockefeller Institute, Electronic Engineer
			中文 外文

家庭生活状况	国别	姓名	性别	年龄	关係	现在何处、何部门、做何工作.(职业)
	国内	楊林学	男	62	父	上海
		沈慧珍	女	61	母	上海
		徐斐	女	34	妻	同时回国
		楊克文	女	3½	女	同时回国
	国外					

　　1956 年 1 月 30 日，人民日报发表周恩来《关于知识分子问题的报告》，杨嘉墀对妻子说："咱们快回国吧，别等人家把祖国建设好了我们才回去，那就不像样了。"1956 年 9 月，杨嘉墀历经种种波折，终于结束漂泊海外的生活，回到阔别多年的祖国。杨嘉墀根据所学专业和以往成果，选择加入中国科学院自动化及远距离操纵研究所。

1｜2

1　1956 年 9 月 15 日在深圳入关时，杨嘉墀夫人徐斐填写的"回国留学生登记表"，表中指出回国原因是"回国服务"，工作志愿是"研究"。

2　杨嘉墀居住的中科院中关村宿舍区 13 号楼 2 单元。

1　1 回国后，杨嘉墀与夫人徐斐先后探望双方父母。

第二篇

协力同心
两弹一星

从零开始埋头攻，两弹一星献宏猷。火箭事业仪表先行，杨嘉墀组织研制火箭发动机测量仪表，为尖端技术创新无私奉献；协助"两弹"自主研究，他多次带队攻关核潜艇、原子弹、导弹等试验任务；发射卫星控制有功，他和团队自力更生，潜心攻关，研制东方红一号卫星、返回式卫星等控制系统。

两弹攻坚　仪表先行

　　1956年，我国制定《1956—1967年科学技术发展远景规划》。该规划在"重点发展，迎头赶上"的方针指引下，将发展以原子弹和导弹为代表的国防尖端技术放在突出位置。至此，中国研制"两弹"的大幕徐徐拉开。

<table>
</table>

$\frac{1}{2}$

1　《人民日报》（1956年6月7日）报道："我国科学技术发展远景规划即可拟定"，"原子能技术、无线电电子学等的研究工作将陆续展开"。

2　《1956—1967年科学技术发展远景规划纲要（修正草案）通俗讲话》，科学普及出版社1958年版。

1 1958年，大批特种工程部队官兵开进巴丹吉林沙漠，投入导弹发射场的建设。

2 三年经济困难时期，粮食供应骤减，导弹发射条件艰苦卓绝，承担发射任务的基地官兵们以野菜充饥。

1962—1964 年间，我们接受了国防科委 21 号任务，负责核弹试验用几项测试仪器的研制……大家知道，原子弹爆炸时有一个很亮的大火球，我们研制的仪器就是判断、测量爆炸时原子弹产生的能量，因为爆炸时的亮度范围很宽，光闪得又很快，国内没有这样的测试仪器和设备，我们就在已有的工作基础上，与北京师范大学天文系合作，利用太阳光的能量做试验。

另外，接受任务后，国防科委领导一再向我们强调：准确地测定火球温度，对确定核爆当量及光辐射破坏效应有着决定性意义，这更增强了我们的责任感。为了确保任务的完成，所里有关的科研人员积极参加课题组的方案讨论和技术攻关工作，还请来所外的有关专家共同确定方案。在研制工作的关键阶段，裴丽生副院长每月要听我们一次工作汇报，并当场指定有关部门帮助解决工作中的困难。强烈的责任感和事业心促使我们夜以继日地工作，大家积极性都很高，也没有任何怨言，平日里没有星期天，没有休息日，1964 年春节也只休息了一天，初二大家便来到所里工作。

—— 杨嘉墀：《难忘"两弹一星"》

杨嘉墀为了掌握最新前沿科技，自学俄语。这是他曾经使用过的 1962 年时代出版社出版的《俄华辞典》。

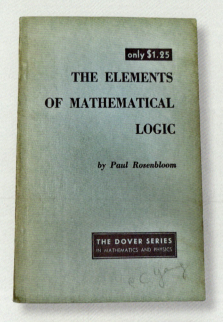

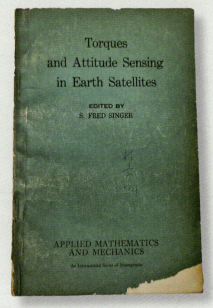

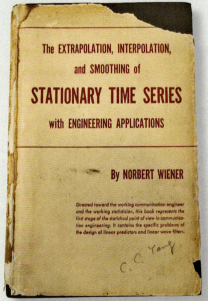

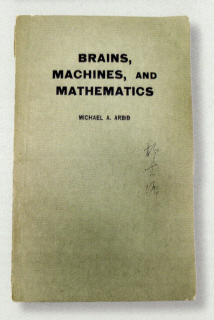

1 杨嘉墀为了保持与国际学科前沿接轨，经常购买外文图书。

2 1964 年 10 月，我国第一颗原子弹爆炸，97% 的测试仪器记录准确，获得了大量实测数据。

火球温度测量*

1　引言

低空核爆炸时，爆炸总能量的 30% ～40% 以热辐射的形式在几秒时间内释放出来。强烈的热辐射引起大范围内建筑物和树木起火、人和动物烧伤及眼睛失明等杀伤作用。因此实际测量核试验火球温度随时间的变化，对于确定核武器的热效应具有很大意义。火球温度测量结果与高速摄影结果相配合，把火球温度和半径随时间的变化联系起来，可以直接算出火球全辐射功率随时间的变化。

美国原子能委员会于 1962 年公布了 2×10^4 t TNT 当量的原子弹在大气层爆炸时，火球温度和半径随时间变化的曲线如图 1 所示。[1]

美国根据数百次大气层核试验结果和理论分析，得出火球亮度极小值到来时间和第二极大值到来时间与爆炸当量之间有很好的近似关系：

$$t_{min} \approx 0.0025 \ W^{\frac{1}{2}}$$
$$t_{max2} \approx 0.032 \ W^{\frac{1}{2}}$$

式中当量 W 以 kt 计，时间 t 以 s 计。

因此从火球亮度温度测量得到 t_{min} 和 t_{max2}，可以直接推算核武器的爆炸当量。测量核武器的当量和效应，是核试验的重要目的。

从图 1 还可以看到，国外已经实测出火球温度的大范围快速度变化。但具体测量方法则因保密没有发表。

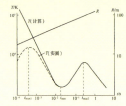

图 1　火球温度和半径随时间变化的曲线

*　本文内部发表于 1979 年，是 1980 年计量学会年会论文。作者：杨嘉墀，廖炯生，肖功弼。

1　杨嘉墀、廖炯生、肖功弼发表于 1979 年计量学会年会的论文《火球温度测量》。该论文被大会评为优秀论文，书面评价为"该论文体现了我国计量测试工作者在发展我国核武器事业中所做的贡献"。

考虑到火球温度的变化范围是从 2 000 K 到几万 K，相应可见光区光谱亮度变化范围近于 1×10^6 倍；为了同时测出 t_{min} 和 t_{max2} 并争取测出 t_{max1}，要求测温仪器反应时间为 10^{-4} s 以下。

为此，我们参考文献[2]的大量程光度计线路，在反应速度方面作了重要改进，达到 10^{-4} s，比原来提高数 10 倍，反应性范围近于 1×10^6 倍。在光学系统设计上，解决了在几 m 近距离用标准温度灯标定仪器的问题（仪器视场角约 6′）问题。

所研制的火球温度大范围快速变化的连续测量仪成功地取得了测试结果。

2　仪器结构和标定方法

测温装置的原理方框图如图 2 所示。

图 2　测温装置的原理方框图

光电探头将目标（火球）的光辐射变成相应的电信号，快速大量程光度计线路将目标的大范围光能变化（约 6 个数量级）变为小信号的电压变化（约 1 个数量级），振子驱动放大器和八线示波器用于放大和记录快速变化的电信号。现分述如下。

仪器光学系统如图 3 所示。它的设计主要是考虑仪器的标定、外推和瞄准目标等问题。

图 3　仪器光学系统

消色差物镜 1 可以沿光轴移动，使不同距离的目标（标准温度灯和火球）均能成像在视场光栏 2 上。视场内光线先经过半透反射镜 5、6 分成三路，一路经 5 反射至高斯目镜 4，供测量前瞄准目标用；一路经 6 反射，再经中心波长为 450 nm 干涉滤光片和有效光栏后，射到 1P21 型光电倍加管光阴极上；另一路经过 6，经 650 nm 干涉滤光片和有效光栏射到另一只倍增管光阴极上。

光栏 9 在物镜焦面处对光阴极而言，也就是说在视场光栏小孔中，目标中每一点的束束都能盖满光栏 9。而通过光栏 9 的光线都能照到光阴极。由于物镜和目镜可沿光轴移动而探头中各元件相互位置严格固定；所以只要目标在容许的范围内，它的像能盖满视场光栏小孔（标准温度灯和火球）均以同一视场立体角入射到光阴极。这样，我们本质上是测量目标像的亮度温度。在没有光能损失和像的畸变的理想光学系统中，物和像的亮度相等。实际上光线经过光学系统时，总有反射、吸收、散射等损失。光能在探头上的损失，实际上可认为与目标探头远近无关。我们用标准温度灯放

在近距离标定仪器时，已考虑了这种损失。实际测量时，再根据当时实测的能见度，计算出火球至探头中间 8 km 空气层对光能的吸收和散射损失，对测温度测量结果作相应的修正。

这样，就解决了在近距离（几 m）标定仪器，去测量远距离（8 km）小目标的温度问题。

在这个系统中，光电倍加管阳极电流 i_K 和目标的亮度温度有如下关系。

$$i_K = K \int_{\lambda_1}^{\lambda_2} E(\lambda, T) \phi(\lambda) d\lambda + i_{KT} \qquad (1)$$

式中　K——系统光电转换系数，当各光学元件和倍增管确定后，它是常数；

$E(\lambda, T)$——黑体辐射的普朗克公式，其中 T 即为目标的亮度温度；

$\phi(\lambda)$——光学系统的相对光谱灵敏度；

λ_1, λ_2——光电系统的光谱通带上、下限；

i_{KT}——暗电流，它相对很小，在误差分析中考虑。

我们用 YM-2 型单色仪测定光学各元件的相对光谱特性，测量误差 2%；又用高灵敏度真空热电偶比较测定光电倍增管的光谱灵敏度，误差 5%。共花半年时间。二者相乘得出总光谱特性 $\phi(\lambda)$。它基本上决定于干涉滤光片的特性。取 $\phi(\lambda)$ 等于 1% 处的波长 λ_1、λ_2 作为积分上下限，用电子数字计算机，算出 2 000 K 到 60 000 K 范围内，(1) 式中积分项的相对值。

当用标准温度灯在 2 200 K 对仪器定点时，可测得 i_K（实际上是测 V_d，详见后），从而决定系统光电转换系数 K，根据计算机算出的积分数值表，就建立了 2 000～60 000 K 内 T 和 i_K 的定量数值关系。完成了仪器在低温定点外推应用于高温测量的任务。

在仪器定点后，作为检验，用本装置和国家计量局 3OJI-51M 型光学高温计多次同时测量太阳温度，本装置测得 3 915～3 840 K 光学高温计测得 3 979～3 891 K，其偏差在二种仪器误差范围内。

实验表明，由于采用小视场，小立体角光学系统和其他措施，8 km 天空的背景亮度不引起仪器的反应。

3　快速大量程光度计线路

如前所述，要测量 2 000～60 000 K 范围内的温度，在可见光区相应光能变化 10^6 倍。采用多路，分段的线性转换太慢不能满足我们要求。文献[3]提出脉冲工作的大量程光度计线路则不能满足我们的连续测量要求（脉冲工作时间仅 2 ms）。因此，我们在文献[2]的线路基础上作了重要改进，把反应速度提高数 10 倍，达到 0.1 ms，敏过连续式快速大量程光度计线路。这个线路的详细分析见文献[4]。这里只作简单说明。

大量程光度计线路的工作原理是

$$i_n = k i_K V_d^3 \qquad (2)$$

式中　i_n——光电倍增管阳极电流；

k——考虑倍增效率的系数，对给定管子为常数；

V_d——倍增极电压,取均匀分布;

n——倍增级数;

β——考虑倍增效率的指数,对给定管子为常数。

当光流 F(光阴极电流)改变时,通过反馈线路调节 V_d 使得保持稳定,可得

$$\lg i_K = -n\beta \lg V_d + C \quad (3)$$

式中 常数项 $C = \lg i_k - \lg k$

由此可见,$\lg i_K(\lg F)$ 与 $\lg V_d$ 之间为直线关系,其斜率 $= n\beta$,对 1P21 型光电倍增管,$n\beta$ 约为 7。即能流变化 7 个数量级,V_d 只变化 1 个数量级。这样,就构成了量程压缩关系。

我们利用中性滤光片和几何光栏"中性地"(即保持光谱成分不变)改变光流强度,测出 $\lg F\sim V_d$ 实验曲线(例如图 4)再用标准温度灯 在 $T_0 = 2\,200$ K 对仪器"定点",测出此时的 V_{d0},查出用相对单位表示的 i_{K0},由式(1)通过算出系数 K。利用计算机算得的积分数值表,就建立了 T 和 i_K 之间的定量关系,即仪器在 2 000～60 000 K 之间的整条标定曲线。

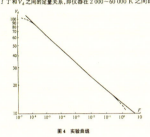

图 4 实验曲线

4 精度分析

根据本仪器工作原理,可将误差分为四类。

4.1 定点误差

1)二等标准温度灯在 2 200 K 附近对仪器定点灯本身误差 6～8 ℃,即 $\frac{\Delta T}{T} = 0.35\%$。

由 Planck 公式导出

$$\frac{dF}{F} = \frac{C_2}{\lambda T} \cdot \frac{e^{C_2/\lambda T}}{e^{C_2/\lambda T} - 1} \cdot \frac{dT}{T} = \xi \frac{dT}{T} \quad (4)$$

在所用温度和波长范围内,ξ 值列表如表 1。

表 1 ξ 值列表

T/K \ $\lambda/\mu m$	2 200	3 300	8 300	20 000	60 000
0.65	10	6.7	2.5	1.6	1.2
0.45	14.5	9.7	3.85	2.0	1.3

2)当时用 0.2 级电压表记录 V_{d0}(在近似满刻度处),由式(2)得

$$\frac{dF}{F} = -n\beta \frac{dV_d}{V_d} \quad (5)$$

当 $n\beta = 7$,则 $dF_0/F_0 = 1.4\%$。

多次实验表明定点不重复性误差相应折算光能误差在 1% 以下。

4.2 外推误差

1)大量程光度计线路 $\lg F\sim V_d$ 特性测量误差实验时用 0.2 级电压表测 V_d,准确度 0.5% 的几何光栏和中性滤光片配合测相对光能大小。经多次实验得出,在应用范围内,$\Delta V_d/V_d < 1\%$,即 $\Delta F/F \approx 7\%$。光电倍增管暗电流的影响已包括在内。

2)高温时光谱成分变化引起附加误差。

测量仪器特性和"定点"时,是在 2 200 K 附近不改变光谱成分情况下进行的。测量火球高温时,光谱成分改变了。所以有附加误差。但由于 $\phi(\lambda)$ 半宽约 6 nm,而光阴极光谱灵敏度在 650 nm,450 nm 附近变化平缓,故此项附加误差不大。

3)光电系统 $\phi(\lambda)$ 测量误差(包括单色仪波长标尺误差)对测量结果的影响可通过"有效波长"误差来讨论。

如前所述,通过定点,在已知 T_0 测得 i_{K0} 后,(1)式可写为

$$i_K = i_{K0} \frac{\int_{\lambda_1}^{\lambda_2} E(\lambda, T)\phi(\lambda)d\lambda}{\int_{\lambda_1}^{\lambda_2} E(\lambda, T_0)\phi(\lambda)d\lambda}$$

有效波长 λ_e 定义为

$$\frac{E(\lambda_e, T)}{E(\lambda_e, T_0)} = \frac{\int_{\lambda_1}^{\lambda_2} E(\lambda, T)\phi(\lambda)d\lambda}{\int_{\lambda_1}^{\lambda_2} E(\lambda, T_0)\phi(\lambda)d\lambda} = \frac{i_K}{i_{K0}} \quad (6)$$

如果 $\phi(\lambda)$ 测量不准确。将引起 $\Delta\lambda_e$,由此引起温度误差可分析如下。

式(6)中 $E(\lambda, T), E(\lambda_e, T)$ 用 Planck 公式代入,$E(\lambda, T_0), E(\lambda_e, T_0)$ 用 Wien 公式代入,对 λ_e 微分可得

$$\frac{dT}{T} = \left[\frac{T}{T_0} \cdot \frac{e^{C_2/\lambda T} - 1}{e^{C_2/\lambda T}} - 1\right] \frac{d\lambda_e}{\lambda_e} \quad (7)$$

单色仪波长标尺误差在 0.4 nm 以下,它直接影响 $\Delta\lambda_e$。前已指出 $\phi(\lambda)$ 本身的测量精度

2%,而 $\phi(\lambda)$ 的半宽在 6 nm 以内,由此总的估计 $\Delta\lambda_e$ 在 1 nm 以内。则按式(7)可算出温度误差如表 2。

表 2 温度误差

T/K \ $\lambda/\mu m$	2 200	3 300	8 300	20 000	60 000
0.65	0	0.08%	0.4%	0.94%	1.3%
0.45	0	0.11%	0.62%	1.6%	2.5%

4.3 光学系统的瞄准误差

我们采用小视场(6'15")小立体角(1°以下)的光学系统和消色差物镜,几何像差影响可以忽略。至于衍射影响还要小。光学系统的主要误差是瞄准时调焦不准引起的瞄准误差。剩余纵向色差的性质相似,下面一起讨论。

如图 5 所示:由调焦不准,目标的像的平面在视场光栏 d 有一误差 $\Delta X'$。这样,在物平面上有"渐晕现象",即出现全照场,半照场,视场边缘。在理想情况下,像平面和视场光栏重合,进入倍增管光能为

$$F_0 = k\left(\frac{d'}{X'}\right)^2 = k\left(\frac{d}{l}\right)^2 \quad (8)$$

式中 k 仅是与目标亮度和光学系统参数有关的系数。

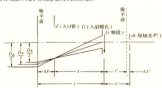

图 5 调焦有误差情况

在调焦有误差情况下,实际进入倍增管的光能由二部分组成:全照场内每一物点光能均以同样立体角(全立体角)射入倍增管,由全照场到视场边缘环状带上,物点光能进入倍增管的立体角由全立体角逐渐减小到零。平均按半照场立体角(半立体角)估算,有

$$\frac{\Delta F}{F} = \frac{F - F_0}{F_0} = \left(\frac{\Delta X}{X} \cdot \frac{D'}{d_\#}\right)^2 \quad (9)$$

多次实验表明,在良好照明条件下,正常人眼通过目镜的调焦误差 $\Delta x'$ 在 ± 1 mm 内(包括纵向色差影响)。本装置 d = 1 mm,f = 550 mm,$\frac{D'}{x'} = \frac{1}{20}$ 据此计算如下。

在定点时,$x = 2\,200$ mm,$\Delta x = \left(\frac{x}{x'}\right)^2 \Delta x' = \pm 9$ mm,$D' = 35$ mm,$d_\# \approx 3$ mm,代式(9)得出 $\frac{\Delta F}{F_0} = 0.23\%$。

在测量 8 km 远目标时,像平面实际上和焦平面重合($f' = l'$)若 $\Delta x' = 1$ mm,$\Delta x = 300$ m,$d_\# = 14.5$ m,$x = 8\,000$ m $- 300$ m $= 7\,700$ m,$D' = 27$ mm 代入式(9)得出 $\frac{\Delta F}{F_0} = 0.23\%$。

由此可见瞄准误差引起光能误差极小。在定点时,多次瞄准同一温度下标准温度灯,其定点结果不变,也证明这一点。

此外,视场光栏有一厚度,也能影响测量结果。由于我们用厚 0.1～0.2 mm 的极薄光栏,引起的光能误差比上述瞄准误差还小,不再赘述。

4.4 电讯号放大、记录及数据处理误差

讯号 V_d 经放大器驱动八线示波器高频振子,记录胶卷用测量显微镜读数。放大器和振子线性度经标定在 1% 以内。经验证明测量显微镜判读胶卷光点的误差也在 1% 左右。显然这些等效于 V_d 误差,可按式(5)换算成光能误差。

综上所述,按误差合成原理,将以上各项误差合成为光能误差,再按式(7)折算成温度误差 $\frac{\Delta T}{T}$ 可得表 3。

表 3 测温装置总结差

T/K \ $\lambda/\mu m$	2 200	3 300	8 300	20 000	60 000
0.65	1.5%	2.2%	6%	9.4%	12.5%
0.45	1%	1.6%	3.9%	7.7%	

注:李俊让、贺容棠、刘天立、王克非同志参加了本项工作。

参 考 文 献

1 Glasstone S. The Effects of Nuclear Weapons. 1962;75.

2 Hariharn P, Bhalla M. A wide Range, Recording, Logarithmic Photometer Circuit. J. S. Instr. ,1956,33(2):69.

3 Zatzick M R. Study of A Pulsed logarithmic Photometer. AFCRC-TR-58-275, Sept, 1959.

4 杨嘉墀,廖炯生,李俊让. 快速大量程对数光度计线路的研究. 国家科委高温测试基地 1966 年年会论文.

1961年初，我们接受了"151工程"任务。

"151工程"是在地面上模拟超声速飞行器在飞行过程中气动加热、加载环境的试验设备。该设备将用于装备高速飞行器热应力试验室。工程系统设备可以实施单独加温、加载，联合加温、加载，其多点测量系统可以记录飞行器结构以及在给定程序温度、程序载荷条件下的应变、温度、变形过程。

"151工程"是在没有任何国外技术资料的情况下，完全靠我们自己的力量，用国产的元件、器材自行研制成功的。虽然当时我国的基础较差，尤其是工业基础较差，但好在我们有前面"581"任务的经验，有与中科院研究所合作进行风洞试验的基础，用我们在理论上的高水平弥补了工业基础较差的不足。

在测量系统中，我们突破了弱信号模拟数字转换器的技术难关；在加载系统中，又拿下了液压伺服机构等关键技术；在控制方面，我们克服了加热系统的信号变化剧烈的困难，采用复合控制使误差减少，当时在国内技术处于领先地位。时至今日，热应力试验设备对火箭、导弹卫星、高速飞机，仍是不可缺少的地面试验工具。可以说，"151工程"在当时是填补热应力试验这一国内空白，而现在仍对军工任务延续有用的一项任务。

——杨嘉墀：《难忘"两弹一星"》

征文　中国科学院建院50周年专刊　1999年第25期　责编：郑培明　热线电话：68597505　21

两弹一星任务锻炼了我们带动了相应学科的发展

叶正明

　　1961年初，国防部五院向中国科学院提出了一系列有关火箭导弹的大型综合性任务。我曾参加了其中一项任务——大型热应力试验设备（151工程）。151工程是在地面上模拟超声速飞行过程中气动加热、加载环境的试验设备，用于装备高速飞行器热应力试验室。工程系统设备可以实施单独加温、加载，联合加温、加载，其多点测量系统可以记录飞行器结构以及在给定程序温度、程序载荷条件下的应变、温度、变形过程。

　　这项工程经国防科委批准委托中国科学院自动化所研制。杨嘉墀副所长兼任总体工作，我任业务负责人，并组成了以中国科学院自动化所为主，七机部702所参加的研制队伍约60余人（在现在的中科院自动化所中，还有黄玉棠研究员、邱永华研究员、汪云研究员）。参加协作的还有中国科学院长春光机所、金属所、上海冶金所、力学所及一机部上海机床厂。自动化所提出151工程分三个系统研制：即加热系统、加载系统和测量系统，于1965年初完成了三个系统研制，并于同年下半年在七机部702所由国防科委组织全国有关热应力试验设备的专家进行鉴定。鉴定结论中指出：鉴定结果表明就国内现有情况看，此三套系统均有较高水平，满足了协议书中的指标要求，可将此设备交七机部702所试用。702所运用这些设备（七机部702所曾对自动化所交去的三套样机，复制制若干套。）及高速飞机的结构，进行了地面试验，取得了预期的结果。

　　151工程是在没有任何国外技术资料的情况下，完全用国产的元件、器材自行研制成功的。在测量系统中突破了弱讯号模拟数字部件及在加载系统中突破了液压伺服阀等关键技术，在控制方面克服了加热系统的讯号变化剧烈的困难，采用复合控制使误差减少，在当时国内技术处于领先地位。时至今日，热应力试验设备对火箭、导弹、卫星、高速飞机，仍是不可缺少的地面试验工具；看起来，151工程在当时是填补热应力试验这一国内空白而在现在仍对军工任务延续有用的一项任务。

　　杨嘉墀副所长除担任总体工作外，对各个具体项目也非常关心，每个重要试验，都要亲自过目；我们写的资料总结，要逐字逐句审阅，有不够的地方要补充修改。重要的技术问题，经常提供一些资料和他自己的意见，供大家思考，但不束缚大家的思想，使每人能发挥所长。杨嘉墀先生这种严格认真的治学精神和平易近人的领导方法使151工程的完成有了技术保证。吕强副所长兼党委书记除经常来实验室观看并解决一些工作条件外，还注意随时随地进行深入细致的政治思想工作，他多次语重心长地对我们说，要注意理论联系实际，要安心军工任务，努力拼搏，把自己的所长贡献给国家。科学院领导对这任务也非常关心，当时主管这任务的秦力生副秘书长要定期听我们的工作任务汇报，并随时进行一些鼓励性的讲话。就是事务非常繁忙的张劲夫副院长在151工程的研制设备要移交到七机部702所前夕（1965年7月）也来到自动化所观看了全部设备的演示。由于各级领导的关心，151工程从1961年3月起到1965年9月止，历时四年半，其中有两年是三年自然灾害困难期间，所有参加的人员并没有因暂时困难而有松懈情绪。

　　151工程是一项硬任务，不容许有半点差错，为参加工作人员提供了专业知识的实践和总结的机会。151工程又是一项综合性任务，需要自动化各种学科专业人才，这些专业人才在工程中得到的知识积累和技术经验，可以用于此后参加的同类学科研究和相类课题中，有的可以延伸，甚至促进了这一学科的发展。在我们每个参加151工程的人员中，这类例子是举不胜举的。所以，可以认为像两弹一星这类国际需要的军工任务，可以锻炼人才，也可以带动相应学科的发展。

1　负责加热系统的叶正明回忆道："杨嘉墀副所长除担任总体工作外，对各个具体项目也非常关心，每个重要试验，都要亲自过目；我们写的资料总结，要逐字逐句审阅，有不够的地方要补充修改。"

1

1　1960年11月5日，中国第一枚导
　弹"东风一号"发射成功。

人造卫星　姿态论证

　　1957 年 10 月 4 日，苏联研制发射第一颗人造地球卫星斯普特尼克 1 号（Sputnik-1）。1958 年 5 月，毛泽东主席发出了"我们也要搞人造卫星"的号召。1958 年 10 月，中国科学院组织高空大气物理代表团赴苏联考察，但苏方并未安排人造卫星及相关技术的考察。杨嘉墀深有感触，认为"发展空间技术，要走自己的路，要靠自己实干，要有自己的实力，要理工结合"。

　　杨嘉墀担任总体设计组副组长，除了参与总体方案的讨论外，还对卫星的姿态控制及姿态测量进行了专题论证。经过两个月的工作，总体设计组提出了我国第一颗人造卫星的总体方案设想。

1958 年访苏代表团于苏联雅尔塔海港留影。左起为：杨嘉墀、何大智、彼得洛夫（时任克里米亚天文台台长）、杨树智、卫一清、钱骥、赵九章。

1　2

1　1965 年 10 月 20 日，中国第一颗地球卫星总体方案论证会在北京友谊宾馆科学会堂举行，历时 42 天。

2　在草拟第一颗人造卫星总体设计方案的过程中，杨嘉墀对卫星的姿态控制及姿态测量进行了专题论证，认为"采用自转加校正的姿态控制系统方案是较为合适的"。

关于姿态控制问题

我国发展人造卫星是为国防服务的，今后将要发射一系列的侦察、通信、气象、预警等军事应用卫星和载人飞船。这些卫星或飞船都要求与地球（有些尚需与太阳或其他天体）保持一定的空间关系，也就是说卫星需要保持一定的姿态

关于姿态控制问题
我国发展人造卫星是为国防服务的，今后将要发射一系列的侦察、通信、气象、预警等军事应用卫星和载人飞船。这些卫星或飞船都要求与地球（有些尚需与太阳或其他天体）保持一定的空间关系，也就是说卫星需要保持一定的姿态

卫星的照相机和电视摄像机的镜头要保持对准地面；卫星上的天线要保持一定位置，使卫星能够接收地面指令，也使地面能够收到卫星发出的信号；预警卫星需要侦察到地球背面的情况，还要用卫星之间的定向通信传送回来；回收卫星与载人飞船重返地球时，要求按预先确定的要求改变卫星姿态，以保证能在预定地点着陆；太阳能电池要求对准太阳，以获得最大的能源，等等。随着人造卫星的发展，姿态控制的任务也日益繁重。在美、苏后期发射的卫星中，无论在能量的耗损，还是在设备所占质量等方面讲，姿态控制都占了很大的比重。在我国计划发射的第一颗人造卫星上，要求保证天上、地面有可靠的无线电联系；而在第二颗、第三颗等一系列卫星上，则要求解决照相、回收技术。因此，大家认为姿态控制很重要，在确保各项指标的同时，在第一颗卫星需要进行姿态控制试验。

卫星姿态可以采用自转进行稳定，而干扰引起的漂移可用喷气装置自动进行校正。在这种控制方案中，需要研究试制测量与地球位置关系的红外地平仪；测量与太阳位置关系的太阳敏感器；校正卫星姿态的喷气装置以及消除火箭与卫星分离时所产生扰动的阻尼器等。对姿态要求更严格的卫星则可以采用三轴稳定的方案，在这一方案里，除了需要采用前面的元件外，尚需要研究试制有关陀螺测量元件和惯性轮执行元件等。在卫星轨道高度较高，而且允许的质量又大时，则尚可采用重力场稳定的方案等。在会议讨论过程中，因考虑到第一颗卫星质量较小、轨道较低、要求姿态控制精度不高，况且姿态控制工作尚处于起步阶段，以前没有太多的基础，因而确定采用自转加校正的方案。另外，带着卫星一起进入轨道的第三级火箭也需要采用自转来稳定。因此，采用自转加校正的姿态控制系统方案是较为合适的。

自转加校正的控制方案的原理及控制过程，是当末级火箭进入轨道，将卫星弹射出来后，卫星自转轴是在轨道平面内且与地面相平行。由于卫星具有每

分钟180转的旋转速度，好似陀螺一样，卫星将在宇宙空间保持稳定。但因卫星运行轨道是绕地球旋转，当运行一段距离之后，卫星的自转轴就不平行于地面了（譬如卫星沿轨道走到1/4圈时，自转轴就垂直于地面了）。因而卫星对地球而言，其姿态就时时刻刻在变化。为了使卫星对地球的姿态保持不变，则必须将卫星自转轴转动90°，使其垂直于轨道平面。这就好像一个陀螺沿着地球在滚动，从而达到稳定姿态的目的（这样的方案只能是面轴稳定）。然而，由于受到地磁场、气动力等的影响，卫星在长期运行中，它的自转轴还会出现偏离变化的。因此，还需要进行相应的校正。不过这里应该说明的是，上述的使自转轴转动及校正，均是利用在卫星上安装的红外地平仪、太阳测角器及喷气机构等完成的，且完全是自动进行的。地面上只是通过遥测测得其姿态变化，以便了解控制系统的工作情况，作为进一步发展控制技术研究的参考。

姿态控制系统的分析和地面试验也是一项非常艰巨的工作。这是因为卫星在空间所受的干扰力矩是非常小的，因此，它必须在摩擦力矩极小的气垫试验台上进行。而这种试验台需要保持在真空、高低温以及太阳辐射等环境状态下工作。同时还要求提供测量试验台转角、转速等数据。因此，地面模拟试验设备的研制，需要进行大量细致的工作。

姿态测量计算是与姿态控制密切相关的另一项重要工作。根据从卫星上传下来的红外地平仪、太阳敏感器等信号，在地面上计算出卫星在空间的实际姿态。这对于了解姿态控制精度、解释卫星测得的数据或者摄得的相片，以及正确完成卫星使命等均有重大意义

姿态测量计算是与姿态控制密切相关的另一项重要工作。根据从卫星上传下来的红外地平仪、太阳敏感器等信号，在地面上计算出卫星在空间的实际姿态。这对于了解姿态控制精度、解释卫星测得的数据或者摄得的相片，以及正确完成卫星使命等均有重大意义

杨嘉墀曾说，我最高兴的事，莫过于看到卫星被成功地送上天。

1 "东方红一号"卫星装配。

2 发射"东方红一号"卫星的"长征一号"运载火箭竖立在发射塔架上，整装待发。

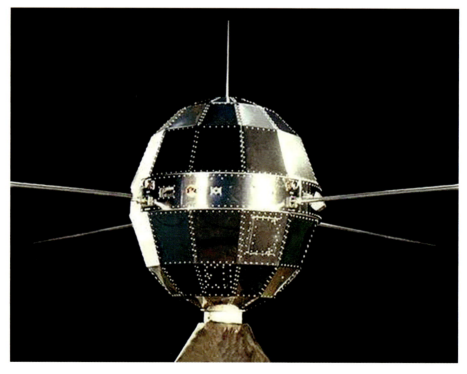

1 1970年4月24日21时35分，发射控制台操纵员胡世祥（后任总装备部副部长）按下发射按钮，"东方红一号"随后升天。

2 卫星质量为173千克，用20.009兆周的频率播放《东方红》乐曲。

3 1970年4月26日，《人民日报》刊登我国第一颗人造卫星发射成功的喜报。

人民日报

毛主席语录

我们也要搞人造卫星。

1948年6月15日创刊 第7961号　**1970年4月26日**　星期日　农历庚戌年三月廿一

毛主席提出"我们也要搞人造卫星"的伟大号召实现了！

我国第一颗人造地球卫星发射成功

卫星重一百七十三公斤，用二0·00九兆周的频率，播送《东方红》乐曲

这是我国人民在伟大领袖毛主席和以毛主席为首、林副主席为副的党中央领导下，高举"九大"团结、胜利的旗帜，坚持独立自主、自力更生方针，贯彻执行鼓足干劲，力争上游，多快好省地建设社会主义总路线，以实际行动抓革命，促生产，促工作，促战备所取得的结果。

这是我国发展空间技术的良好开端，是毛泽东思想的伟大胜利，是毛主席无产阶级革命路线的伟大胜利，是无产阶级文化大革命的又一丰硕成果。

中国共产党中央委员会向从事研制、发射卫星的工人、人民解放军指战员、革命干部、科学工作者、工程技术人员、民兵以及有关人员，表示热烈的祝贺。

新华社四月二十五日讯　新闻公报

我们的伟大领袖毛主席提出：我们也要搞人造卫星。在全国人民迎接伟大的七十年代的进军声中，我们怀着喜悦的心情宣布：毛主席的这一伟大号召实现了！一九七〇年四月二十四日，我国成功地发射了第一颗人造地球卫星。

卫星运行轨道，距地球最近点四百三十九公里，最远点二千三百八十四公里，轨道平面和地球赤道平面的夹角六十八点五度，绕地球一周一百一十四分钟。卫星重一百七十三公斤，用二0·00九兆周的频率，播送《东方红》乐曲。

我国第一颗人造地球卫星发射成功，是中国人民在伟大领袖毛主席和以毛主席为首、林副主席为副的党中央领导下，高举"九大"团结、胜利的旗帜，坚持独立自主、自力更生方针，贯彻执行鼓足干劲，力争上游，多快好省地建设社会主义总路线，以实际行动抓革命，促生产，促工作，促战备所取得的结果。

这次卫星发射成功，是我国发展空间技术的一个良好开端，是毛泽东思想的伟大胜利，是毛主席无产阶级革命路线的伟大胜利，是无产阶级文化大革命的又一丰硕成果。

中国共产党中央委员会向从事研制、发射卫星的工人、人民解放军指战员、革命干部、科学工作者、工程技术人员、民兵以及有关人员，表示热烈的祝贺。希望同志们更高地举起马克思主义、列宁主义、毛泽东思想伟大红旗，突出无产阶级政治，活学活用毛主席著作，不断提高阶级斗争、路线斗争觉悟，谦虚谨慎，戒骄戒躁，再接再厉，为进一步发展我国科学技术，加速社会主义建设，为人类做出更大的贡献而努力奋斗！

卫星返回　控制有功

　　中国第一颗返回式卫星工程的研制工作，大部分是在"文化大革命"动乱年月中进行的。由于周恩来总理对科研人员的关心，杨嘉墀的处境有所好转。1975 年 11 月 26 日，返回式卫星在酒泉按时发射。为了完成"把卫星收回来"的任务，杨嘉墀和科研人员一起，昼夜注视卫星运行期间姿态控制系统的工作情况，他根据遥测数据断定卫星能够按照计划运行三天。11 月 29 日 11 时 06 分，卫星成功着陆于贵州省六枝特区六盘公社，钱学森对杨嘉墀说："控制有功。"

1970 年，杨嘉墀进行返回式卫星姿态控制系统半物理模拟实验。

1　1973 年 4 月，根据周恩来总理的指示，以中国科学院的名义组织一个中国科学技术代表团访问日本，杨嘉墀被周总理点名为团长。图为中国科学技术代表团访日并参观松下电器。

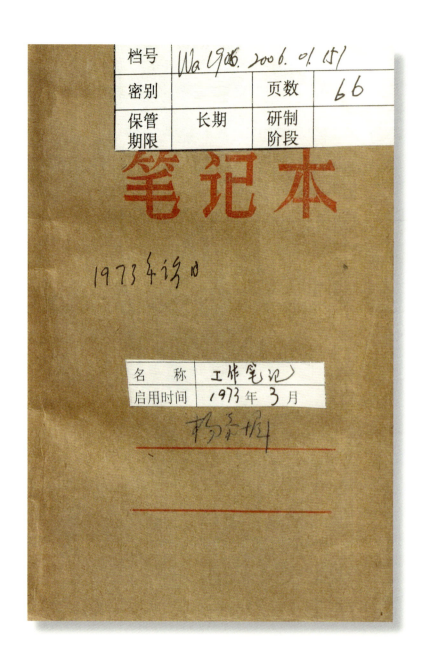

1　杨嘉墀1973年的访日工作笔记（中国空间技术研究院档案馆提供）。杨院士在日记中记录了参观新日制铁公司、松下电器、丰田汽车厂、大阪大学、京都大学等知名企业与高等学校，尤为关注其集成电路、工业自动化等领域。

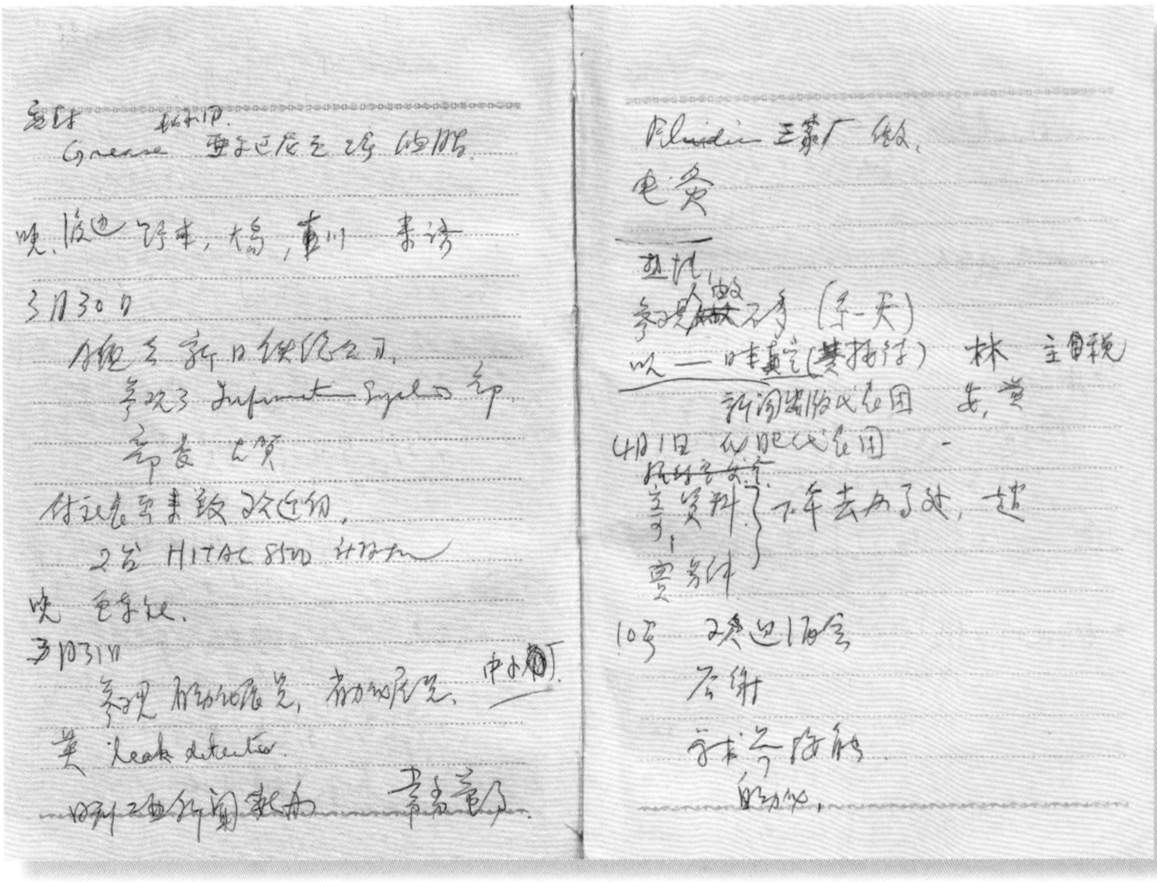

Grease 要买包应之功 (低压)

晚. 临边 好丰, 桥, 直川 素诣

3月30日
　理 … 新日铁阪公司.
　　参观了 Informat System 部
　　高度 电算

付试么写素致 改色纸,
　　2台 HITAC 8700 计算机

晚 电室纸.
3月31日
　参观 … 新加坡室, 御殿室, 中小室
美 Leak detector
… 青山垄工

Piludin 三菱厂 缴.

电灸

盐洗
参观藏好 (半天)
晚一 �展览 (美护诣) 林 主田税
　　　　许海出临代名田 去, 觉
4月1日 见肥代名田
… 公室
　资料了 下午去加了炫, 越
　　要身体
10日 2点过18合
　　冬纬
　　青木今 保务
　　　　好功.

7. 车 三坪分左太历.
15日 名东太.
16日本田信丰下,
　　　　　晚到 大阪

铃木先九.
1971 日铁年进2亿34万 (午计) 底16.
99.6% 完全n.
　低之甲 15.5%
　保车·九告 22.5%
　建设设备 62%

17日 7. 车 午午2号亿 速流电

Xynetics 1100 Drafting syst

18日 松下电工

硅交 — 先方 (太多) 也机.
晚 太阪计市各局警
19日 上午 去历大学
　7. 车 素裕大学
　　　　中午 松乡 宴宴 一 全旧
　　　昭和机 Hematika
　　30ppk5
　　坂田 2 func 工亨

20日 Sharp
　老把材料放太阳 Laser 来纪
　会义. PM. 四之

21日 上午 大阪大学 松飞话话
　　　　　杀左秋杨

杨嘉墀是我国返回式卫星研制的开拓者之一,他经过反复论证与研究,确定卫星姿态控制系统,采用两捷联陀螺和红外地平仪相结合的方案,利用稳态卡尔曼滤波方法取得三轴姿态信号。控制方式采用大小喷气推力结合的开关控制,并用伪速度增量反馈校正减少耗气量,在陀螺仪中安装步进机构,以保证卫星返回前建立制动姿态的可靠性。

1 | 2
    | 3

1 1975 年 11 月 26 日，运载第一颗返回式卫星的"长征二号"运载火箭在酒泉卫星发射场准时发射。

2 1975 年 11 月 29 日，第一颗返回式卫星在太空飞行三天后，安全返回预定回收区域。中国成为继苏、美之后世界上第三个掌握卫星回收技术的国家。

3 返回式卫星返回舱使用的减速伞。

卫星返回　控制有功

第 6 卷　第 3 期
1980 年 7 月

自 动 化 学 报
ACTA AUTOMATICA SINICA

Vol. 6, No. 3
July, 1980

中国近地轨道卫星三轴稳定姿态控制系统*

杨嘉墀　张国富　孙承启
（北京控制工程研究所）

摘　要

本文介绍了中国已发射的八颗卫星的简要情况．重点介绍了近地轨道的对地观测卫星的三轴稳定姿态控制系统，包括该系统的组成和一些飞行试验结果．

一、引　言

自 1970 年 4 月 24 日我国成功地发射了第一颗人造地球卫星以来，到目前共发射了八颗卫星，按预定计划完成了各项科学技术试验任务．所发射的卫星基本上分为两类：

（1）科学探测卫星．

（2）空间技术试验卫星．

它们的目的是考核总体性能和各分系统设计的合理性；飞行器、运载火箭、测控设备和地面保障勤务系统的协调性和可靠性．科学探测卫星是自旋稳定的，而空间技术试验卫星是三轴稳定的．在 1970 年到 1975 年的发展阶段，有关空间技术试验卫星的试验任务是多种多样的，诸如测轨、遥测遥控、程序控制、观察技术、返回技术等都在不断的研究发展，因此当时姿态控制系统的设计原则有：

（1）独立自主地发展空间技术，对元部件的要求要立足于我国已有成熟技术的基础上．

（2）系统设计能适应卫星不同试验任务的要求，具有一定的机动性和灵活性．

（3）系统设计能适应姿态控制系统本身的不断改进和试验要求．

几年来的实践经验证明，上述这些原则是符合我国当时的情况的，是完全正确的．我们的试验次数不多，但是姿态控制系统在每次试验中都没有发生过破坏性失效．特别是1975 年以来发射的返回型试验卫星，连续三次成功地发射、运行和返回，取得了一些地面和空间信息，也为姿态控制系统的精度检验和今后发展提供了一些有用的资料．

二、姿态控制系统概述

对于近地轨道卫星来说，由于气动干扰力矩较大，必须采用主动式姿态控制系统，使

* 本文是在 1979 年 7 月国际自动控制联合会第八次空间自动控制讨论会上介绍性报告的基础上写成的．

160   自 动 化 学 报   6 卷

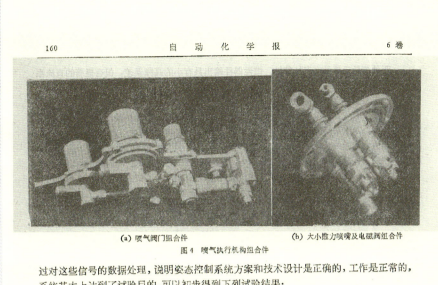

(a) 喷气阀门组合件   (b) 大小推力喷嘴及电磁阀组合件

图 4 喷气执行机构组合件

过对这些信号的数据处理,说明姿态控制系统方案和技术设计是正确的,工作是正常的,系统基本上达到了试验目的,可以初步得到下列试验结果:

(1) 卫星在建立初始姿态和机动时的动态过程和地面仿真试验的动态过程相似,这说明卫星各种动力学参数和执行机构的力学参数是正确的.

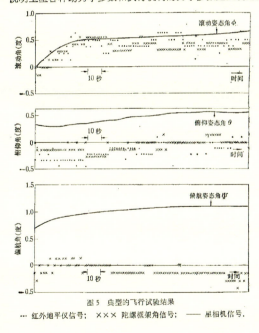

图 5 典型的飞行试验结果

···红外地平仪信号; ×××陀螺框架角信号; ——星相机信号.

(2) 卫星在运行阶段的耗气量和估算量比较接近,说明卫星高空气动力学的估算是比较正确的.

(3) 红外地平仪的噪声分析. 假设噪声是平稳的随机模型,可以通过富里哀变换计算红外地平仪输出噪声的功率谱密度. 我们采用与文献[4]类似的方法,对测量系统进行动态修正后求得噪声谱密度带宽在 12 倍轨道角速度左右. 这对于今后使用这种红外地平仪的测量系统的最佳设计提供了一个噪声模型.

(4) 姿态精度的检验. 为了检验返回型卫星姿态控制的精度,我们采用了对天空恒星照相的方法,取得卫星相对于地心天文坐标系的

1   1 1979 年在国际自动控制联合会第八届空间自动控制讨论会上,杨嘉墀、张国富、孙承启发表《中国近地轨道卫星三轴稳定姿态控制系统》,得到国际同行的好评,后发表于《自动化学报》1980 年第 6 卷第 3 期。

国家授勋　淡泊名利

为表彰在促进科学技术进步工作中做出重大贡献，特颁发此证书，以资鼓励。

奖励日期：一九八五年

证书　号：85-KG7-T-002-4

获奖项目：□□□返回型卫星及东方红一号卫星

获奖者：杨家墀

奖励等级：特等

国家科学技术进步奖
评审委员会

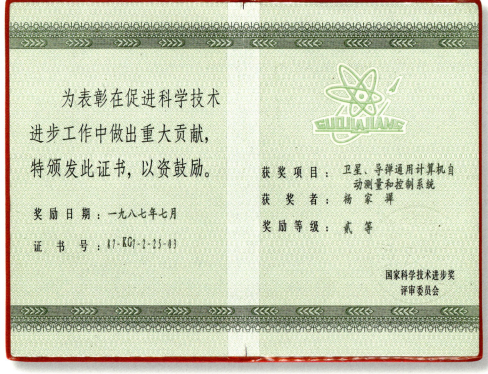

为表彰在促进科学技术进步工作中做出重大贡献，特颁发此证书，以资鼓励。

奖励日期：一九八七年七月

证书　号：87-KG7-2-25-03

获奖项目：卫星、导弹通用计算机自动测量和控制系统

获奖者：杨家墀

奖励等级：贰等

国家科学技术进步奖
评审委员会

两弹一星功勋奖章

证 书

中共中央 国务院 中央军委
一九九九年九月十八日

证 书

杨嘉墀同志为我国研制
"两弹一星"作出突出贡献，
特授予两弹一星功勋奖章。

江泽民

一九九九年九月十八日

1 | 2 | 3

1 1985年，杨嘉墀以"□□□□返回型卫星及东方红一号卫星"项目荣获国家科学技术进步奖特等奖证书。

2 1987年，杨嘉墀以"卫星、导弹通用计算机自动测量和控制系统"项目荣获国家科学技术进步奖二等奖证书（证书上"杨家墀"的"家"为笔误）。

3 杨嘉墀荣获的两弹一星功勋奖章证书。（1999年）

国家授勋　淡泊名利

争名当争国家名，计利当计人民利。倘若要为人民建立新的勋业，就必须以这次受勋为新的起点。

——杨嘉墀

1 | 2

1 杨嘉墀荣获的两弹一星功勋奖牌和奖章（1999 年）。该奖牌直径 8 厘米，由 515 克黄金
  铸就。2020 年杨嘉墀女儿杨西女士捐赠，现藏于上海交通大学档案文博管理中心。
2 1999 年 9 月 18 日，江泽民同志亲自向杨嘉墀颁发"两弹一星"功勋奖章及证书。颁奖
  仪式后，杨嘉墀佩戴"两弹一星"奖牌在人民大会堂前留影。

　　回顾历史是为了不要忘记过去，回顾历史更是为了创造未来。对于当年参加"两弹一星"研制工作的科学家们自强自立、团结协作，为发展我国高科技事业而拼搏的精神，不仅我们不能忘记，子子孙孙不要忘记，而且还应成为今天激励青年人努力建设社会主义现代化强国的动力。

——杨嘉墀（1999 年）

1	
2	
3	

1 杨嘉墀（左二）与同时授勋的屠守锷（左一）、黄
   纬禄（左三）、任新民（右三）、王希季（右二）、
   孙家栋（右一）在人民大会堂前合影。

2 2001年，杨嘉墀在水墨人物肖像画《以身许国图》
   （毕建勋绘）前留影。

3 2002年，杨嘉墀在油画《请历史记住他们》（汪诚
   一、郑毓敏、胡申得、施绍辰绘）前留影。

1　中国科学院技术科学部学部委员证书（1980 年）

2　中国科学院院士奖牌（1980 年）

3　中国科学院资深院士奖牌（1999 年）

中国科学院院士是国家设立的科学技术
方面的最高学术称号，为终身荣誉。
The Member of the Chinese Academy of Sciences is
the nation's highest academic title in science and
technology, being a lifelong honor.

杨 嘉 墀
一九八〇年当选为中国科学院学部委员（院士）
Yang Jiachi was elected a Member of CAS in 1980

中国科学院
Chinese Academy of Sciences
No. CAS-1980-240

资 深 院 士
Senior Member

杨 嘉 墀
Yang Jiachi

中国科学院
Chinese Academy of Sciences
No. CAS-1980-240

国家授勋 淡泊名利

第三篇

战略前瞻
创新航天

胸怀祖国航天事业，放眼世界领先科技。杨嘉墀重视自动化技术人才的培养，紧跟国内外学术前沿，扩大国家自动化科学技术的国际影响力。他的名字和"863"紧密联系在一起。他高瞻远瞩，提出了发展高技术的建议，催生载人航天工程，推动卫星应用产业，倡议北斗导航系统。

学科勃兴　迎头赶上

　　杨嘉墀认为，"从某种意义上讲，实现自动化就是把人对生产过程的测量、控制作用，转移到自动化仪器、装备上去，因而研究、设计各种仪器、仪表装置，是现代科学技术的一个十分重要的任务"。因此，发展自动化技术首先要抓仪器仪表研制和人才培养。

　　杨嘉墀在清华大学生产过程自动化进修班讲授"自动化仪表"专业课，在中国科技大学讲授"仪器仪表"课程，推动自动化学科发展。他积极参与国内外学术交流活动，担任《自动化》《自动化学报》等学术刊物的主编或副主编，积极刊载自动控制理论、自动化仪表、自动化应用等方面的研究成果；参与组织创建了中国仪器仪表学会，并连续担任第一至第四届理事会副理事长；多次参加自动化领域学术盛会，为我国自动化技术的发展提供重要参考信息。

1	
	2
	3

1　1957年清华大学生产过程自动化进修班师生合影（第二排右五为杨嘉墀）。

2　1961年下学期，杨嘉墀在中国科学技术大学中关村分部授课。

3　2003年秋，中国科技大学自动化系首届毕业生（1958—1963）毕业四十周年纪念合影（前排右六为杨嘉墀）。

学科勃兴　迎头赶上

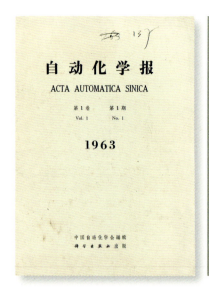

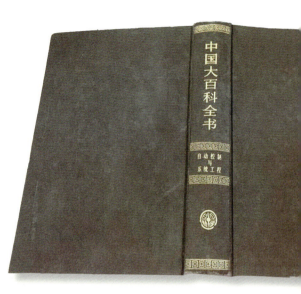

1 1963年创刊的《自动化学报》,杨嘉墀先后担任副主编、主编。在他的推动下,该刊还编辑出版了英文版,获得好评。

2 杨嘉墀在中国科技大学自动化系讲授课程的部分内容,由张是勉和杨树智整理成《自动检测》一书,于1987年出版。

3 《自动控制与系统工程》编辑委员会:《自动控制与系统工程》,中国大百科全书出版社1991年版。

4 1991年,杨嘉墀出席中国自动化学会成立三十周年纪念暨第三届学术年会。

5 1988年,担任编委会副主任的杨嘉墀出席《自动控制与系统工程》定稿会。

杨嘉墀在参与自动化学科规划工作时，曾提出要加强国内外学术交流，促进学科发展。从1957年国际自动控制联合会（IFAC）筹备到1999年在北京召开第十四届世界大会，他均自主、广泛地开展科学家之间的民间交流，扩大中国自动化科学技术在国际上的影响。

1960年，杨嘉墀在莫斯科参加第一届 IFAC 世界大会。

$\frac{1}{2}$

1 1975 年，杨嘉墀（中）赴美国波士顿出席第六届 IFAC 世界大会期间，在哈佛大学与交大老同学王安（右）、朱祺瑶（左）喜相逢。

2 1978 年，杨嘉墀带队出席芬兰赫尔辛基第七届 IFAC 世界大会，顺访荷兰。

IFAC Tallinn 90 General Assembly

1 | 2　　1 1990 年，杨嘉墀出席爱沙尼亚第十一届 IFAC 世界大会。（杨嘉墀随笔所写 IFAC Tallinn' 90）

　　　　2 1992 年 9 月，杨嘉墀应邀至 IFAC 前任主席 Steve Kaeme 家中交流。

1 ▨　　1 1993 年，杨嘉墀参加悉尼第十二届 IFAC 世界大会。

1 | 2   1 1993 年，杨嘉墀参加第一届全球华人智能控制与智能自动化大会，做特邀报告《智能控制在国内的进展》。
2 国际电气和电子工程师学会授予的"千年勋章"（2000 年）。

自动化和新技术革命

杨嘉墀

（中国科学院学部委员　中国
空间技术研究院研究员）

作者近影

在近代工业发展史上，每次技术革命都为社会经济和人类生活带来巨大发展和变化。技术的发展同一切事物一样，总是采取两种状态，即稳定发展状态和飞跃发展状态。两者相加，形成一个波浪式前进的发展规律。

人类从1740年到1950年的200多年里，经过发明创造而产生新产业的技术革命经历过三次高潮。第一次高潮以蒸气机、火车、电力等为代表，发生在1830年前后50年里。第二次高潮以炼钢、电报、电话、电灯、汽油发动机等为代表，发生在1880年前后30多年里。第三次高潮以无线电、电视、人造纤维、晶体管、喷气发动机为代表，发生在1940年前后20多年里。这三次高潮中的技术从发明到建立工业生产的平均时间，从50多年缩短到30年，但是两次高潮间的周期大致都是55年。如果按这个规律来预测，正在兴起的新兴技术包括微电子学、电子计算机、信息技术、生物工程、光导纤维、激光、新材料、空间技术等必将形成一次新的技术革命，产生一系列新的产业，时间也就在1980～2000年之间。这个总的趋势已经逐渐地被人们所认识。

这场新技术革命是以信息技术为基础的。其主要特征是能极大地提高劳动生产率和工作效率。早在一个多世纪以前，马克思就预见到了科学技术的进步使人从直接劳动过程中解脱出来的可能性。他说"劳动表现为不再象以前那样被包括在生产过程中，相反地，表现为人以生产过程的监督者和调节者的身分同生产过程本身发生关系。"马克思的时代虽然还没有计算机，但是他也预见到通信和管理科学的发展。他说"关于机械所讲到的这些情形也同样适用于人类的协作活动和人类交往关系的发展"。这正是我们当前所面临的信息社会。社会的发展将越来越为智力所规划和控制。

自动化的内容和特点

自动化这个名词是从英语Automation翻译来的。自从本世纪40年代末开始，它就在不同场合用来表达不同的意义，从简单的机械化到应用先进的技术，其中也包括了机器人和计算机在内的复杂设备。最初，自动化是用来描述那些代替过去用人工来监视的仪表和控制的机构。以后自动化逐步地扩展用于自动机械和机电综合系统，在那里，绝大部分人的体力和脑力劳动已由测量、调节和受控的机械以及电的执行机构所代替。由于计算技术、通信技术和自动控制技术等的发展和广泛应用，从而产生了更为复杂的自动化的概念。1980年出版的不列颠百科全书把自动化定义为：用程序指令结合运动、反馈和决策控制的自动操作功能。这个定义虽然把有关名词都凑合在一起了，但还没有把自动化说得太清楚。我们建议把自动化定义为：利用机器进行信息获取、信息处理、决策和控制，并用以代替、延伸和扩展人的功能的综合性科学技术。这样定义的自动化就可以适用于工程系统以及管理、生态、军事、经济、社会等非工程系统了。

现代科学技术的分支越来越多，这意味着其分工越来越细。与此同时，也出现了一些交叉学科和综合性学科，这是因为实际问题大多

信息技术与系统控制

中国自动化学会副理事长　　杨嘉墀

信息技术包括计算技术和通信技术的发展使工业自动化的应用范围越来越大。一个大型企业如电力系统、石油开采系统、钢铁联合企业、汽车生产线、化工联合企业、交通运输等的运行控制我们叫它系统控制。

一个完善的生产系统一般包括物料的流程和信息的流程两部分。在物料流程中，原材料要经过几个明显的阶段变换成最终产品，如材料初加工、部件加工、物料传递、部件装配、中间产品贮存、产品总装、测试、储运等。与此相类似，控制和管理系统的信息流程中包括信息获取、数据预处理、信息转移、数据通信、信息存储和信息输出等。

微型计算机的出现使生产单元、车间、工厂实现全数字控制成为可能。把这些局部系统组合成全企业的系统控制，可以进一步降低成本、节约能源和材料，提高质量，并能使产品具有灵活性，以适应市场的需求。

本文将就信息技术的发展情况及其在系统控制中的功能作一介绍。

一、元器件技术

任何系统的控制开始于了解系统运行状态的信息获取手段。各种固态传感器和光电子器件的出现使长期处于落后状态的传感技术有所改善。应用微处理器于一些传感器可以嵌入广泛的智能，形成所谓灵巧的敏感器。这种敏感器中可以包含数字滤波、快速富氏变换和自主诊断等功能。一些新型控制系统中已采用两维信号敏感器。机器视觉已可以用于进行产品检验。智能机器人要求有具有模式识别的视觉功能。对一个多喷嘴燃烧炉的控制可以用一个视觉敏感器来测量火焰的动态性能，从而决定最佳的流量和燃气空气比。

七十年代后微电子技术的突破已从根本上改变了计算机应用和系统组成。近年来每个单元上能生成的逻辑门数和运算速度每两年增加一倍。CMOS技术可以在单片上生成几十万个逻辑单元。例如32位微处理器I—80386上生成了275000个晶体管。采用16兆赫钟频，其运算速度可达每秒4兆指令。这些处理能力强的微机可以应用于时间常数在几个毫秒的控制系统中，

如机器人手臂的力矩控制。除了应用标准的8位、16位和32位微处理器外，系统设计师可以按其设计规范要求来制造专用的VLSI电路。门阵列技术已经可以用来在单片上生产几千个门代替大量的分立元件、IC和LSI的界面接口电路。这些专门线路片可以大大减小控制装置的尺寸并提高了系统的可靠性和可维护性。

VLSI技术已促使大容量存储片投入批量生产。动态单片RAM的存储容量由4兆比特增加到16兆比特。存储器的价格每六年降低一个数量级。应用存取周期为毫微秒级的高速大容量RAM内存的计算机可以大大降低操作系统留给应用程序和数据输出所需要的时间。

二、信息处理

信息处理的主要任务是将获取的信息加工成给定的信息形式。在系统控制中，最简单的功能是数据采集、转换成物理量、上下限报警、统计计算和效率计算。与传统的模拟信号处理不同，数字信号处理更多的工作是软件开发。基本的数字信号处理包括采样编码、两维信号处理、快速富氏变换、频谱估计和频带压缩。为了控制的要求，高速实时信号处理已得到广泛的应用。

较新的计算机控制系统中包括了从PID计算到现代控制方法所采用的向量、矩阵运算、优化递推运算、状态估计和系统辨识、系统的自动诊断和先进的人机操作系统。

基于计算机的自动诊断正向着预防维护发展。设备故障或不正常现象的发生或存在是用仪器在线监视的。机器诊断是硬件和软件的集成技术。一般要通过监测部件或分系统的运行状态来估计故障的原因并预测其可能后果。已经广泛采用的故障检测方法有添加化学试剂、超声或同位素检漏、探伤等。数字信号处理是将敏感器采集的信号进行处理并变换为指示发生故障的数据。常用的机器诊断统计运算有自相关和互相关函数、相干函数等，应用于机械、热动力和水力机械系统。

三、系统结构和信息传输

·1·

1 ｜ 2

1 杨嘉墀发表于《百科知识》1984年第10期的《自动化和新技术革命》。

2 杨嘉墀发表于《自动化博览》1989年第1期的《信息技术与系统控制》。

① 93(1) 8-13　　智能控制,人工智能

本刊特稿

智能控制在国内的进展

中国空间技术研究院 杨嘉墀　中科院自动化所 戴汝为　TP13

编者按 1993年8月26日至30日,第一届全球华人智能控制与智能自动化大会在北京召开。大会名誉主席、中国自动化学会理事长、学部委员杨嘉墀教授在大会开幕式上发表了重要讲话,对我国近年来智能控制领域取得令人鼓舞的成果作了全面的评述。智能控制的实际应用对我国仪器仪表和自动化控制系统的发展具有重要指导意义。今特将讲话全文刊载如下。

80年代以来,人工智能与系统科学相结合形成智能控制的研究引起人们很大兴趣。当代高新技术革命的蓬勃发展使人们认识到,谁占有高技术优势,谁就会在激烈的国际竞争中取得主动地位。1986年3月王大珩、王淦昌、杨嘉墀、陈芳允4位科学家对跟踪世界战略性高技术向中央提出建议,得到极大关注与大力支持,以此为开端在国内由国家科委制定了一个"高技术研究发展计划",即863计划。这项计划选择了7个领域15个主题作为计划的主要内容。其中自动化领域包括两个主题:(1)计算机综合自动化制造系统(CIMS);(2)智能机器人。很明显,这两个主题的研究内容与智能控制有着极为密切的关系。其中信息领域除了有关光电子器件和微电子、光电子系统集成技术及信息获取与处理技术的研究与开发以外,还确定了一个"智能计算机系统"主题,这个主题项目支持人工智能与智能计算机的基础理论以及智能应用系统的研究,对国内智能控制的发展起了积极的作用。到目前为止,863计划已实施了5年多的时间,已经取得了许多令人鼓舞的成果,并为智能控制在我国的进一步发展打下了稳固的基础。

另外,近些年来国内对系统工程、知识工程、系统科学、人工智能方面都给予了较大的关注,许多高等学校和科研单位对高新技术的重视程度随着国家改革开放的广泛、深入,也有所提高。在专家控制系统、人工神经网络的原理与应用、神经网络控制、智能控制的实际应用以及智能控制的理论与方法等方面都做了许多工作,取得了一些可喜的成果。下面扼要地加以介绍。

一、计算机综合自动化制造系统(CIMS)

80年代中期,由于高技术得到蓬勃发展,美国国家基金会(NSF)在大学范围内建立了6个高科技中心,其中在美国普渡大学建立的自动化中心(Computer Integrated Design Manufacturing and Automated Center,简称CIDMAC)就是致力于研究发展计算机综合制造系统,其深远意义在于发展新一代技术,克服人在认知过程中的局限性。当时聘请模式识别专家、智能控制研究的先驱K.S.Fu教授担任中心主任,不幸Fu教授早逝,未能为CIDMAC做更大贡献。

863计划在自动化技术领域中选定了"计算机综合自动化制造系统(CIMS)"这一主题,跟踪国际CIMS技术发展的先进水平。为实现高质量、高效益、高柔性地生产产品的自动化工厂提供技术和样板。研究内容包括CIMS总体设计与实施、发展战略及体系结构,管理和决策支持系统,集成产品设计工艺自动化,CIMS计算机网络与数据库系统等,并建立了CIMS综合性大型实验研究基地,参加这项实验工程项目的主要有清华大学的5个点,以及原航空航天部625所、204所、机电部自动化所、机床研究所及其他6所大学和研究所的科技人员共250余人。通过这项工程的建设,已为我国积累了实施CIMS的"成套技术"用于工厂改造及

《中国仪器仪表》93.1

8

自动控制向

中科...

一、历史的启示

本世纪30年代末期,美国数学家N...究中,发现人造的机器和动物在控制和...他和一批生理学、心理学、通信和计算机...通信网络和数字计算机的研制经验,以...论思想。他们认为工作在这些不同领域...指出:一个控制系统必须根据周围环境...应性。在1948年出版的"控制论"一书以...科学"。50年代以来,数字计算机得到广...系统包括工程、经济、生物等系统的共同...控制论角度总结了人工智能技术与自...制理论、人工智能和运筹学的交叉综合...

二、智能控制产生的背景

1. 实际控制系统的要求。

几十年来,传统的控制理论主要是...制的理论和方法。科学技术和生产的进...构为基础的控制理论,其局限性日益明...用精确的数学模型描述,传统的控制理...辨认、自适应控制和鲁棒控制等方面提...物医学工程、机器人等领域。但是,在这...一类控制对象是离散事件动态系统,象...交通调度系统等。这类系统运行状态的...此,要采用自动机和排队论等方法来进...控的连续变量动态系统。而上层则是其...等生产过程。另一类控制对象由于变量...统的大系统控制理论要求用优化的控制...

48

1　《智能控制在国内的进展》,发表于《中国仪器仪表》1993年第1期。

2　《自动控制向智能控制发展》,发表于《中国科技论坛》1995年第2期。

3　《控制论的发展与自然控制论》,发表于《自动化博览》1997年第2期。

控制发展

器有关信号滤波和自动跟踪的研
题是信息传输、处理和反馈控制。
论，吸收来自火力控制系统、远程
学统计理论的研究时，创建了控制
有共同的思想基础。维纳在总结时
己的运动，具有一定的灵活性和适
"研究动物和机器的控制和通信的
研究范围逐渐扩大，成为研究各种
在60年代中期就有一些学者，从
控制的关系，提出了智能控制是控
论和实现逐渐开始明确起来。

分方程描述的动力学系统进行控
要求不断提高，以单纯数学解析结
大型、复杂和带不确定的对象，难以
解决这些问题，理论工作者在系统
经应用到工业过程、航空航天、生
这些方法的不足和局限性。例如有
统（CIMS）、通信网络、计算机网络、
化而是由事件的发生来演变的，因
杂系统具有分层的结构，下层是受
离散事件动态系统，如化工、冶金
模糊性、不确定性等复杂性，应用传
级的计算机也是无能为力的。

控制论的发展与自然控制论

杨嘉墀

一、控制论的发展历史

控制论的创始人维纳，早期是一个研究随机过程和广义调和分析的数学家，也指导过通信技术的研究工作。正当第二次世界大战期间，1940年他写信给当时的麻省理工学院院长 V. 布什，要求进行与防空火力自动控制有关的理论研究，主要是设法解决防空高射炮瞄准目标的预测控制问题。当时用的方法是线性预测，敌机采用动飞行策略很容易躲避高炮截击。他应用统计分析方法，于1942年提出了一份《平稳时间序列的外推、内插和平滑》的报告，当时是绝密的，直至1949年才公开出版，成为维纳滤波器的理论基础。与此同时，维纳和一批生理学、心理学、通信技术和计算机等领域的专家一起讨论，1943年末到1944年初在普雷斯顿召开了一次控制论思想的科学讨论会，确认了控制论的概念，他们认为工作在这些不同领域的科学家之间存在着共同的思想基础，维纳总结时指出：一个控制系统必须根据周围环境的变化，自己调整自己的行动，具有一定的灵活性和适应性。他们认为客观世界存在着三大要素：物质、能量和信息。虽然在物质构造和能量转换方面，动物和机器有显著的不同，但是在信息传递、处理和反馈控制方面存在着许多共性。在1948年出版的《控制论》一书中，他定义控制论为"研究动物和机器中控制和通信的科学"。

50年代初，我国科学家钱学森针对二战中发展起来的控制与制导工程技术提炼出指导控制人造工程系统的普遍性概念、原理、理论和方法，于1956年出版了专著《工程控制论》。这是控制论学科分化而产生的第一个新的学科。维纳在其生命晚期1963年提出了"生物控制论"，其后各国学者将研究对象扩展到更为复杂的社会现象，相继出现了经济控制论、社会控制论、人口控制论等分支学科。对天气、气候和生态环境等自然系统和水利、港湾、区域规划等改造自然的系统，多年来人们也已用系统分析方法进行研究，由于问题的复杂性，目前大多还处于建立模型、数值模拟和动态预测阶段，真正研究调控的方法，所见不多。因此，提出自然控制论作为控制论的一个新分支应该是顺理成章的。毛泽东在"实践论"一文中论述了认识和实践的关系。他说"马克思

2

主义的哲学认为十分重要的问题，不在于懂得了客观世界的规律性，因而能够解释世界，而在于拿了这种对于客观规律性的认识去能动地改造世界"。研究自然控制论的目的也就是要求人类在认识、利用和影响自然环境的同时，对它进行合理的或优化的调控，使社会和自然环境协调发展。人类生存和持续发展迫切需要解决这些问题。

二、工程控制论的基本内容

控制理论是工程控制论研究的核心问题。它是由工程和技术问题的需求中产生和发展起来的。经典的控制理论只能处理简单的对象，数学模型比较单纯，基本上是单变量常系数线性微分方程，控制的目的只是要求稳定性和一定的动态品质。60年代前后，由于人类对空间的探索和大型工业生产过程的自动控制需求，最优性能指标成为控制理论的热点。微分方程理论、线性代数理论、最优化理论的数学工具引入控制系统的设计中，此外，对于用线性微分方程或差分方程描述的动态过程产生了一些深刻的理论成果，如系统能控性、能观性、卡尔曼滤波等。这些理论的应用，要求控制系统设计者精确知道系统的数学模型和外界噪声的数学模型。在控制工程师看来，这一点并不切合实际。一方面，系统的机理分布参数等特征的对象，还没有一套完整实用的设计理论。另一方面，对具有非线性、变系数、数学模型，而现实系统很难根据基于物理学规律导出的数学模型来描述，即使某些简单动力学模型可以用微分方程来描述，其系数也是根据周围环境变化而改变的，此外，控制对象本身和测量部件又受到各种各样的干扰。因此，控制理论中的建模方法已经从直接根据系统物理特性的方法转向建立一般化的参数估计和系统辨识理论。其目的就是在输入和输出信号数据的基础上，从一组给定的模型类中，确定一个与所测系统等价的模型，从而决定控制方案。基于这一理论发展的自适应控制与自校正控制，成为一个具有广泛应用前景的控制方法。如果系统的结构或参数不完全知道，要求控制器能够一边估计未知参数，一边修正控制作用，最终达到一定的性能指标。

高瞻远瞩　倡议 863

　　杨嘉墀经常思考的问题不仅局限于自己所负责的卫星工程项目，而更多的是国家的科学技术该如何快速进步。1986 年，他和陈芳允、王淦昌、王大珩联名上书邓小平，向国家提出要跟踪世界先进水平，发展中国高技术的建议。经过邓小平批示，国务院批准了《高技术研究发展计划纲要》（即"863"计划）。作为中国高技术研究发展的一项战略性计划，"863"计划的实施有力推动了我国高技术及其产业发展。

1	2	3
		4

1　首倡"863"计划的四位科学家，从左至右分别是陈芳允、王淦昌、杨嘉墀、王大珩。

2　1996 年，杨嘉墀指出"863"计划要进一步发展，"……更好地定位在先导型、创新性、跨行业、跨领域、超前性等课题上"。

3　王大珩、王淦昌、杨嘉墀、陈芳允编：《高技术辞典》，科学出版社，清华大学出版社，2000 年。

4　1990 年，杨嘉墀（前排左三）参加《成飞 CIMS 可行性论证报告》专家评议会。

96年4月29日 光明日报

杨嘉墀

「863」计划要进一步发展

"863"计划实施10年来，确实把我国高技术研究提高到了一个相当的水平，缩短了与国际先进水平的差距，但这种高科技领域的竞争并非一时之事，稍一懈怠，距离又可能拉大。"863"计划是在美国的战略防御倡议、欧共体的尤里卡计划、日本的科技计划和前苏联的对策计划纷纷出台的背景下提出的。当前世界科技发展的速度越来越快，为此我国必须扩展更新高科技发展的战略目标，才可能经受住世界各国高科技及国力发展的激烈竞争的挑战。

由于我国财力有限，"863"计划必须与国家其它科技计划加强协调，更好地定位在先导型、创新性、跨行业、跨领域、超前性等课题上，将"政、产、学、研"相结合。

(特邀摄影 张新学)

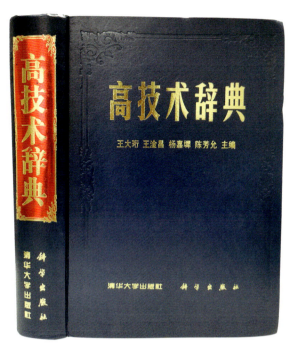

高技术辞典

王大珩 王淦昌 杨嘉墀 陈芳允 主编

清华大学出版社 科学出版社

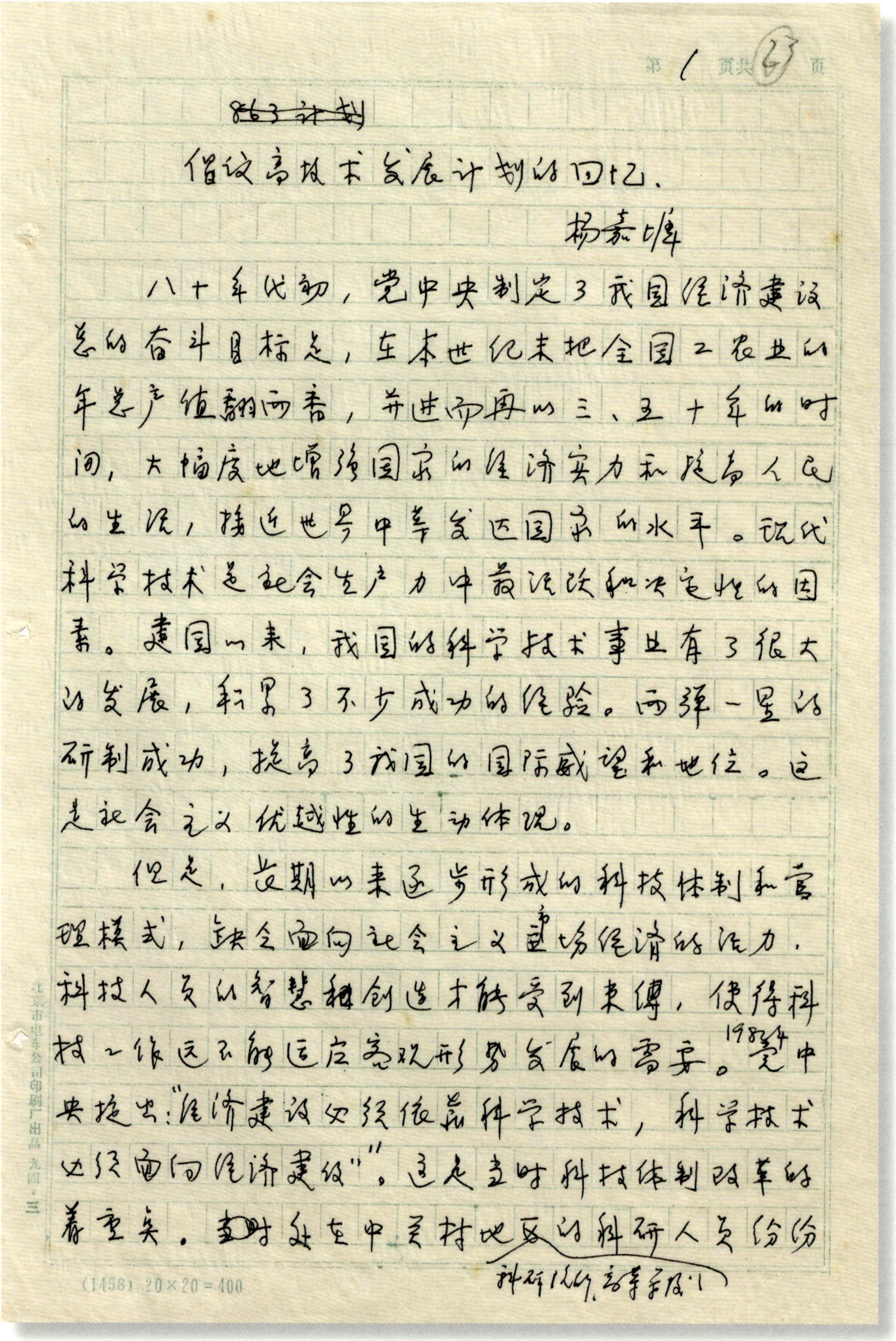

863 计划

倡议高技术发展计划的回忆。

杨嘉墀

　　八十年代初，党中央制定了我国经济建设总的奋斗目标是，在本世纪末把全国工农业的年总产值翻两番，并进而再以三、五十年的时间，大幅度地增强国家的经济实力和提高人民的生况，接近世界中等发达国家的水平。现代科学技术是社会生产力中最活跃和决定性的因素。建国以来，我国的科学技术事业有了很大的发展，积累了不少成功的经验。两弹一星的研制成功，提高了我国的国际威望和地位。这是社会主义优越性的生动体现。

　　但是，长期以来逐步形成的科技体制和管理模式，缺乏面向社会主义建场经济的活力。科技人员的智慧和创造才能受到束缚，使得科技工作远不能适应当前形势发展的需要。1984年中央提出："经济建设必须依靠科学技术，科学技术必须面向经济建设"，这是当时科技体制改革的着重点。当时处在中关村地区的科研人员纷纷

科研人员，高等学校

1 杨嘉墀手稿《倡议高技术发展计划的回忆》，对"863"计划应运而生的细节做了纪实描述。（中国空间技术研究院档案馆提供）

飞海、创建公司，形成科技市场（较好）。当时住在中关村的陈春先先生来我经常见面，谈到中国将有一个硅谷学说，成国党这走说解决我国科研成果转化的当务之方法一条有效途径。但是我们在完成创立这强调科技是当任消更服合的同时，也要注意对国内以及还有重大意义的基础性行完和高技术行完，当未来的发展做好准备和成大储备。

1983年美国提出"战略防御倡议"，接着由法国倡议当欧洲各工业先进国家参与的尤里卡计划也应运而生。在这大潮的感召下，1986年年初，请多主管各部陈芳允和我一起进行讨论研究对策。我们认为，考虑到我国的经济实力，即使到廿一世纪，我们也不会有能力进行大范围的追头性竞争。但是我们也应考虑到这样的问题。一是为了发展社会议结局，我们要有一个和平环境，这就及于我国在国际上具有相当的实力；二是我们也应追踪新技术革命的动向，才能在改革开放的条件下，立足于世界，在世界科技竞争中保有一席之地。三

走新技工革的发展及被引起一场时新的工业革命。我国在五、六十年代，国家经济财力有限，工业基础薄弱，但是费和国家领导人当时对科学技术机不重视，1956年毛主席在《论十大关系》的报告中，强调中国不仅要有飞机大炮，当也还要有原子弹。在今天的世界上，我们要不受人家的欺负，我们不能没有这个东西"。1958年在中共八大二次会议上，毛泽东发出了"我们也要搞人造卫星"的号召。我们认为中央我国第一代领导人的远越志向和对科技人员的行动。由于从事两弹一星人员上也事关绝保密，等护了我国新技工的发展，也造就了一支坚强的队伍。

尽送几次汇报后，我们认为高科技这段意义重大，近期又难以达到直接经济效益，没有高级领导的决心和认同，是难以办到的。于是起草了一份信给邓小平同志我们的心愿，三月三日直接送到邓小平办公处。没有想到，三月五日，也就是信送上去两天之后，小平同志看到了这一报告，他在报告上批示："这个建议十分重要……此事宜速作决断，不可拖延。"几天后，我工作陪

案参加院里召开的"七五"计划讨论会。当时报告都是计划的精神，在全国科技体制改革的形势下，随着军备优先发展等等制，预先研究的经费将大大压缩。大家感到在这一段时间技术发展将因此大大受到经费不足的制约。一天以上，收到电话通知，国务院领导同志要三天上午要约见我们四人，第二天早上赶到中南海，想不到出来接见我们的竟当时的国务李鹏，老科学院的老领导张劲夫同志。他听了我们的陈述以后说，国务院将会找专款支持这项计划，他问我们大概需要多少经费，这下把我们这几个很少理财的书呆子难住了。当时也是主管各部专门书教，提出了大的需要一、二个亿的估计。张劲夫同志当时我们，国务院考虑可用一百个亿额度，看安使我们吃了一惊。这上钱用来干什么？当时也就有不同意见。四月上向国务院领导同志又在中南海召开了明一次有一百多位专家和科技管理领导参加的座谈会。实际上通报大家，邓小平同志针对选择高技术发展项目是以发展国民经济为主还是以增强军事实

力为主的不同意见，作出了"双成单也合会，以民为主"的决策。接着，国家主管部门组织了200多位专家参加了论证。选择对中国未来经济和社会发展有重大影响的七个技术、航天技术、信息技术、先进防御技术、自动化技术、能源技术和新材料技术以一生物成果之实现重点。同年十一月，中共中央、国务院批准了《高技术研完发展计划纲要》，即称"863"计划，由以中发[1986]24号文件下发。内容包括一、方针和指导思想，二、目标和主要实施项目，三、政策和措施。

我们提出的发展我国高技术的建议，固然走聚集我国广大科技工作者的一份心愿。没有邓小平和中央领导同志的支持和迅速决策是决不会及有预料到的。1990年，小平同志又直小平同志又当全国863计划十周年会议时作了"发展高技术，走实产业化"的指示。使我国高技术的发展更具有生命力。

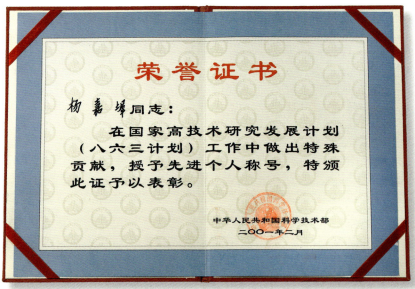

$\dfrac{1}{2}$ 3

1　杨嘉墀荣获国家"863"计划十五周年特殊贡献奖章。（2001年）

2　杨嘉墀荣获"863"计划先进个人荣誉证书。（2001年）

3　2004年，杨嘉墀在邓小平同志纪念铜像授赠中华世纪坛揭幕仪式上指出："20多年来，我国科技工作在邓小平同志科技思想的指导下，取得了举世瞩目的伟大成就。"

"863" 计划不是哪几个人的计划，而是集中了广大科技人员智慧的计划，体现了党和国家的高瞻远瞩。

——杨嘉墀（2001 年）

飞天逐梦　卫星应用

杨嘉墀多次参加航天技术领域的研讨会、方案论证会。他表示，21世纪将是人类开发太空的新时代，随着我国综合国力的增强，期望我国航天技术将不断占领科技高地，到21世纪中叶，能够与世界空间大国在航天科技领域并驾齐驱，为人类作出更大的贡献。

1　1986年4月，中国空间技术研究院召开太空站第一次研讨会，杨嘉墀（左）与庄逢甘（1946届交通大学航空工程系校友，中国科学院院士、国际宇航科学院院士）出席会议。

2　1986年8月，杨嘉墀（右）和闵桂荣（左）在中国空间技术研究院计划讨论会上发言。

1
2

1 1988 年，杨嘉墀（前排右六）出席五院第三届科技委员会第一次全会暨空间技术发展战略研讨会。

2 1988 年 8 月，杨嘉墀在哈尔滨参加高技术会议。

1　1997 年，杨嘉墀在航天计算机应用学术会议上作报告。

2　《中国青年报》（1996 年 6 月 4 日）刊登的杨嘉墀的采访，他表示"航天科技发展提升国际发言权"，"年轻人有机会进入太空"。

杨嘉墀院士表示
航天科技发展提升国际发言权
中国宇航欲上九天揽月

本报记者 堵力 实习生 林彤

5月10日，在美国一个月中4次卫星发射失败的情况下，我国在太原卫星发射中心用"长征四号乙"运载火箭成功地将两枚卫星送入轨道。此前两天，5月8日，以美国为首的北约悍然用导弹发动对我驻南联盟大使馆的袭击，造成我人员伤亡和馆舍毁坏，我国政府发表声明提出最强烈抗议。

我国宇航专家杨嘉墀院士说：以美国为首的北约公然有意袭击我驻南大使馆的事件，说明了美国早就将中国当作21世纪的潜在对手。60年代没有两弹成功爆炸，70年代没有卫星升空，中国就不会有今天的国际地位。有人说，是两弹一星将中国稳稳地推进了联合国安理会的常任理事国。这种说法虽然失之偏颇，但清楚地说明了航天技术和其他高科技成就能够极大地提升中国在国际上的发言权。所以我们必须有新的航天成就。同时，航天技术也可以很好地为军事服务，在南斯拉夫上空，美国的50几颗卫星在不停工作。所以，我们在发展经济的同时更要注意高科技在武器方面的发展。

压题照片
5月29日，在美国发现号航天飞机与建设中的国际空间站进行对接的过程中，发现号航天飞机的宇航员塔马拉·杰尼根站在航天飞机伸出的一只机械臂的顶端，为国际空间站安装一个起重系统。这次安装的两台起重系统将在国际空间站的设备装配以及物资运送等方面发挥作用。
新华社传真照片

空间技术的发展程度是综合国力的一个标志，中国人何时能坐上自己的航天飞机涉足外层空间，这个问题一直为国人所关注。日本一年前公布了探月和登月计划，有人认为，联合国的条约对于月球与南极的政策是一样的，规定月球属于地球人类，谁先进入就归谁占领，如果中国人不及早勘测月球，对太空的研究就可能步步赶不上。而事实上，月球也只是人类探索宇宙的第一站。近日，美国的一位女科学家创办了一家探索月球的民营航天公司，准备开私人探索太空之先河。"长征四号乙"是在"长征四号"基础上，经过改进的一种多用途常规燃料三级火箭。分析家认为，中国多次成功发射，证明了自己研制运载工具的可靠性。

年轻人有机会进入太空

杨嘉墀

"21世纪，中国人将会进入太空，许多可能登上月球。只需飞3天时间，我们就能到达月球。而能进入火星的，只是少数人，因为路途遥远，从地球到火星要飞一年时间，对人的要求就十分高了。"这是863计划的倡议人之一，我国当今国宝级科学家杨嘉墀先生近日对记者说的。

杨嘉墀先生认为，随着科技的发展，进入太空对身体的要求会不断降低。下个世纪，人们可以发展太空旅游，去月球就像去南极一样方便。但这取决于何时技术达到可以降低航天器的价格。现在的低轨道运输价格大约为每公斤1万美元，如果重复使用运输工具的技术得以实施，将运输价格降至1000美元。那么不是身价百万的人也可以坐飞船了。

美国最老的宇航员葛瑞77岁仍漫游太空。今年80岁的杨老希望自己能有机会飞上太空，打破吉尼斯记录。

中国第一批宇航员相当于第一个吃螃蟹的人，未来的青年一代不当宇航员依然可以进入太空，因为航天也不是一个孤立的技术。做一个卫星一个火箭也不是单纯的力学、电子技术、燃料、材料科技，而是体现综合实力，依靠各方面的专业技术。在太空中，牵扯的学科面是非常大的。

宇航员在进入太空前也要学习大量各方面的知识，有火箭卫星的知识，也有轨道知识。太空人的驾驶职能只是他众多工作中的一项，仅仅有强壮的身体是不够的，而科学家上天已成必然，他们可以在真空条件下进行科学研究。在失重的环境下研究流体结晶、制药、燃烧、空间植物育种、微生物、半导体材料，从更多的星球上获取地球所缺少的能源、资源……今天在国际空间站工作的人许多与航天无关，他们是某个领域的专家。

2003年10月15日，我国自主研制的"神舟五号"载人飞船成功将航天员杨利伟送入太空，返回舱于10月16日安全返回地面。10月22日，杨嘉墀与我国首批航天员在"神舟五号"飞船返回舱前合影。

杨嘉墀一直非常重视卫星应用，早在我国卫星研制初期，他便基于对全球航天科技事业发展的考虑，对我国卫星应用予以极大的关注，在各种场合积极宣传。

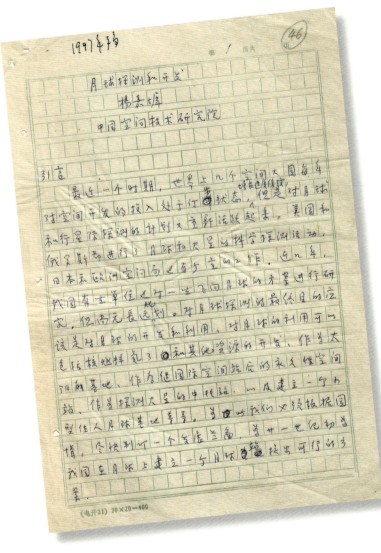

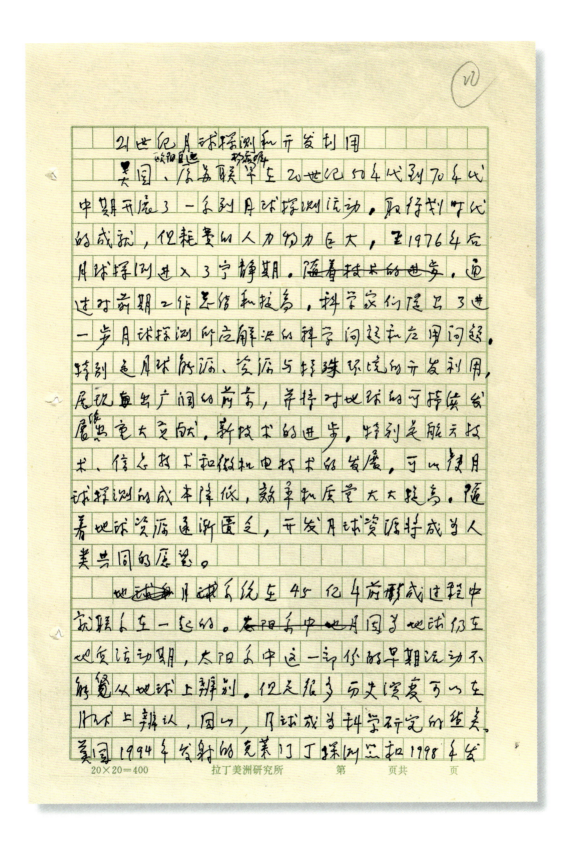

1 | 2 | 3   1 杨嘉墀《月球探测和开发》（1997年）手稿。（中国空间技术研究院档案馆提供）

2 杨嘉墀《中巴地球资源卫星合作计划》（1999年）手稿。（中国空间技术研究院档案馆提供）

3 杨嘉墀《21 世纪月球探测和开发利用》（2001年）手稿。（中国空间技术研究院档案馆提供）

1 杨嘉墀著《航天器轨道动力学与控制》，中国宇航出版社 1995 年版。

2 1997 年，时任中国航天工业总公司军转民科技委主任的杨嘉墀视察航天育种实验基地。

3 2001 年，杨嘉墀（右二）与孙家栋（左一）、屠善澄（左二）、戚发轫（右一）在巴西

　　参加中巴资源一号卫星评审工作。

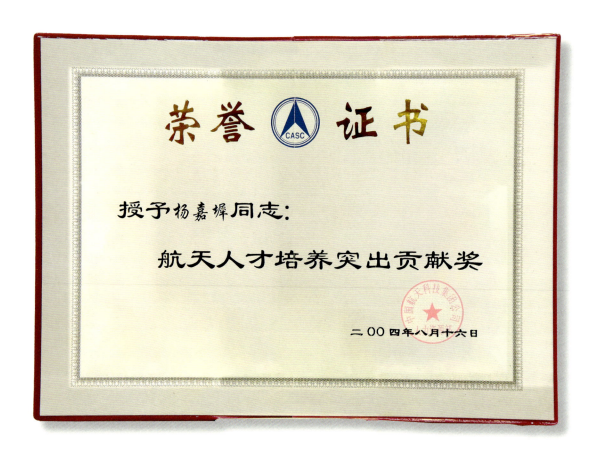

杨嘉墀 同志从事国防科技事业三十二年，为国防现代化建设作出了贡献，特颁发"献身国防科技事业"荣誉证章，以资鼓励。

中华人民
共和国　　国防科学技术工业委员会

编号：151867

一九八八年十月一日

1　1 航天人才培养突出贡献奖证书。（2004 年）
2　3
　　2 航天工业部劳动模范证书。（1984 年）

　　3 献身国防科技事业荣誉证章。（1988 年）

上书中央　倡议北斗

在 2003 年中国北斗导航系统
应用论坛上的讲话

各位领导、同志们：

双星定位系统，我稍微讲一讲历史根源。1983 年美国科学家 G.K.Oneil 首先提出双星定位的问题，并取得美国专利。我国科学家陈芳允先生几乎同时也想到这个主意，但中国当时还没有申请专利的制度，所以到现在为止，他的这个思想还是在内部提到。

当时，美国为实现这个系统，靠私人投资建立了一个公司，美国 GEOSTAR 公司。1985 年我与陈芳允先生到美国访问，与美国 GEOSTAR 公司和美国科学家 G.K.Oneil 会面，他们向我们介绍了双星定位的方案，拿出用户机的样品给我们看，1986 年我到英国参加应用卫星产业化讨论会，1986 年通信卫星，特别是同步轨道的通信卫星已经实现了产业化，当时全世界很多国家航天领域的专家都表示，下一步可能是导航卫星的发展实现产业化，地球观测还不能进入市场。在这次会上，我又与 GEOSTAR 公司和 G.K.Oneil 会面，得知 GEOSTAR 公司的境遇。1984 年的秋天，美国空军启动了 GPS 导航系统，那时完全局限于军用，制造 GPS 用户机的一些公司希望能推广到民用，为此美国军方降低了 GPS 的定位精度提供民用，这样 CPS 民用定位问题也就解决了。另一方面，GEOSTAR 公司做了两颗卫星，用"阿丽亚娜"火箭发射，由于"阿丽亚娜"火箭发射失败，时间耽误了，GPS 建成了，双星定位计划只好停了下来。双星定位计划没有实现，GEOSTAR 公司倒闭了，所以商机和时间因素很重要。

北斗双星定位系统现在成为世界上惟一建成的系统。这个系统建成后，能不能走入国际市场。目前，GPS、GLONASS 已建成，GALILEO 刚启动，这是一个时机。利用北斗星上的资源，用户机存在的问题能尽快解决，北斗导航系统进入世界市场还是有可能的。我认为有三种可能性。

第一种可能性，在北斗定位系统覆盖的范围内(经度、纬度)，允许国外用户使用中国的用户机。在中国的周边地区，经度纬度能够合适，定位精度满足要求，我们可以向周边国家宣布，如果需要用北斗定位系统，我们可以把我们的用户机卖给你们。这样要增加中心站的任务。

最近，我了解到国防科工委成立了亚太地区的空间局，相当于欧空局的作用，这个地区范围之内的国家都参加的组织。利用参加亚太空间局的机会，可以宣传一下，用户机卖给他们用。

第二种可能性，北斗定位系统不但有导航功能，而且有短信息的通信功能。是不是可以组织一个国际性的公司，建一个系统，像国际海事卫星(Inmarsat)。Inmarsat 起步时，是国际合作的，现在由英国组建的 Inmarsat 公司来经营。这个公司现在已经有 25 万个用户，每年收入 4.63 亿美元，目前有七八颗卫星在同步轨道上，是全球性的，主要是为通信服务的。他在中国地区有一个代表，叫中国交通通信技术公司，代表 Inmarsat 在中国经营。

最近，我了解到 Inmarsat 除通信功能外，也增加了定位功能，在欧空局发射的中继卫星上

1　2003 年，杨嘉墀在中国北斗导航系统应用论坛上强调，北斗定位系统要在国际宇航联合会或其他国际会议上进行宣传，有了宣传就可以推动市场的开拓。

安装了一套定位转发器,叫做 EGNOS。有了这个东西,在中继卫星上面定目标的位置,然后通过 Inmarsat 转送到用户。这些说明世界市场上已有的通信卫星,像 Inmarsat 也需要增加定位功能,而且人家已经做到了这一步。我认为,如果我们能够与一些国家联合起来,搞一套像双星定位既有定位功能,又有一定通信功能的系统,也是一种可能性。

第三种可能性,进行国际化的双边或者多边合作,建立一个改进型的定位系统,像童铠院士所讲的那样,改进导航精度,增加通信容量等。为此,今年 7 月底我向科技集团公司提了一个建议。我们都知道,20 世纪 80 年代,我们的运载火箭进入世界发射市场,而现在某些国家处处卡我们,不允许发射它们的卫星,这样发射服务受到相当大的阻力。所以,我认为要让卫星等多种多样的航天产品走向世界,如果通信卫星能够达到世界水平,就不用靠某些国家的卫星了,发射服务打自己的卫星,为别的国家服务,这样整个系统就可以成龙配套,我认为导航系统可能有这种市场,我国北斗定位系统有定位、通信功能,在国内有许多成功的应用。这是一条可行的路子,就是将卫星、运载、中心站、用户机一起作为产品,进入国际市场,估计一套系统的产值可以达到几亿美元。这样才真正实现产业化,而且得到一定的经济效益,对推动北斗二代定位,实现登月等都有现实意义,由于国家经费的限制,进入国际市场,赚一点经费支持我国的航天事业的发展,一直是我的梦想,今天提出来,希望大家帮助出主意。

建议这种事情,要引起有关方面的关注,就要在一定的会议场合上进行宣传。我的经验,20 世纪 80 年代我们要运载火箭进入国际市场时,就是先在宇航国际会议上,介绍了中国运载火箭的成就。所以,北斗定位系统也要在国际联合会或其他国际会议上进行宣传,有了宣传就可以推动市场的开拓。

谢谢大家!

北斗卫星导航系统是我国在世界上第一个建成并投入运行的区域性导航、通信系统,建议把卫星、运载、中心站以及用户机一同作为产品进入国际市场,预计这一套系统的产值可达到数亿美元。

——杨嘉墀（2003 年）

1｜2 　1 85 岁高龄的杨嘉墀（右一）赶赴海口参加 2004 年中国北斗导航系统应用论坛。

2 杨嘉墀在会上发表了题为"发展导航卫星及应用要启动一个完整的广域增强系统"的学术报告，发言稿拟作为"建议"

报送总装科技委。他致信时任中国航天科技集团科技委主任王礼恒（1962 届上海交通大学工程力学系校友，中国工

程院院士）予以指教，王礼恒表示赞成并签名。该建议于 2005 年 2 月 4 日获得时任总理温家宝的批示，北斗导航

系统建设列入国家基础设施规划。（中国空间技术研究院档案馆提供）

中国空间技术研究院
中国航天 China Academy of Space Technology (CAST)

王礼恒同志：

在你的主持下，北斗论坛开得很成功。我当时的发言稿经修改后与屠、章两位院士一起呈送总装科技委作为"建议"参加明年三月举行的科技委全体会议。特呈上，请指教。此致

敬礼

杨嘉墀
04年十二月八日

杨先生：

我赞成你提"建议"。

当然，我也是你的建议人之一。

敬礼
王永志 十二月十日

地址：中国北京市海淀区中关村南大街31号 / 邮政编码 100081 / 信箱 北京市 2417 信箱 / 分箱 电话 (010)68747230/68378230 / 传真 (010)68748163/68378366

关于发展导航卫星及其应用要启动一个完整的广域增强系统的建议

参考欧共体经验，在决定研制伽利略导航卫星前（上世纪 90 年代后期）就启动了广域增强系统 EGNOS（European Global Navigation Overlay System）。该系统不但在伽利略卫星系统在逐步建立过程中提供定轨、定时等服务，现有应用领域还包括：公路服务，铁道交通管理，海上导航和监视等。

我国已成功发射布置在地球同步轨道上三颗北斗导航卫星，现在正在发展二代导航系统中的 MEO 卫星形成亚太区域性导航系统，可以为军民两用的用户机服务。将来还要考虑为全球覆盖的导航系统问题。为此，目前建立一个亚太广域增强系统 APGNOS 为近期至远期的一个仿真和信息融合的系统是非常必要的。该系统主要包括计算机及网络、地面站及有关通信设备，可以提供一个纵贯产品开发、系统集成运营和应用整个产业链的交流平台，在制订我国导航卫星应用系统规划和计划时将起主要的作用。该系统与目前科技部正在参与的 EGNOS 中国区域计划完全是两回事。

建议人：
杨嘉墀 屠善澄 童铠 王永志

2004 年 12 月

　1 论坛结束后，杨嘉墀（左二）考察海南卫星发射场。

2 2020 年 6 月 23 日，我国北斗三号全球卫星导航系统最后一颗组网卫星发射成功，
北斗全球卫星导航系统星座部署全面完成。时至今日，北斗系统已经跻身世界四
大导航系统，在全球一半以上国家和地区推广使用，正在为全世界贡献全球卫星
导航的"中国方案"。

上书中央　倡议北斗

国际交流　紧跟前沿

　　杨嘉墀始终坚信开展国际间的技术合作与交流是发展空间技术的必然趋势。为了打开对外开放的局面，杨嘉墀接待外国专家来华访问，出席国际学术会议，开展技术考察。

1 | 2   1 1979 年 2 月，欧洲空间局代表团访问我国，赴中国空间技术研究院参观访问。杨嘉墀（二排右一）、
任新民（前排右三，两弹一星元勋）、钱骥（三排右二，两弹一星元勋）等接待了代表团。
2 1979 年，杨嘉墀（中）与任新民（左）参观欧洲空间局技术研究中心。

1 | 2   1 1980 年，杨嘉墀在美国仪器仪表学会组织的学术会议上发言。

       2 杨嘉墀一直关注诺贝尔奖自然科学奖项，他总结认为："很多项目与科学实验用仪器有关，有些创新成果产生了新的仪器。"图为杨嘉墀手稿《科学仪器与诺贝尔奖》。

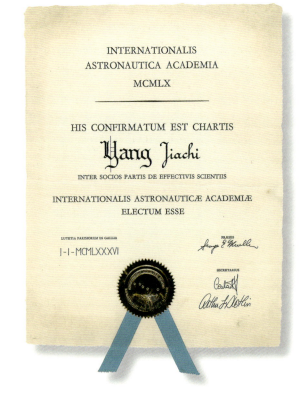

$\frac{1}{2}$

1　1985年，杨嘉墀在瑞典接受国际宇航科学院院士证
　　书。这是杨嘉墀等12名中国航天科技专家首次当选。
2　杨嘉墀荣获的国际宇航科学院院士证书。（1985年）

1 中国宇航学会理事长任新民祝贺杨院士成为国际宇航科学院院士的贺信。（1985年）

2 1985年，杨嘉墀（左）与屠守锷（右）在第36届国际宇航联合会上主持讨论中国航天。

中 国 宇 航 学 会

杨嘉墀同志：

在今年10月召开的第卅六届国际宇航联大会上，国际宇航科学院已正式接纳您为国际宇航科学院的院士（I.A.A.member），现将国际宇航科学院颁发的院士证书和证章转寄给您，并予祝您为发展我国和世界的航天事业做出更大的贡献。

此致

敬礼

中国宇航学会理事长

任新民

一九八五年十一月十五日

通讯地址，北京954信箱

1986年世界空间活动概况
——三十七届国际宇航联合会情况介绍

杨 嘉 墀

文摘 本文介绍了1986年国际宇航技术的成就，存在问题，空间技术的进展，空间法以及空间应用的自动化和机器人技术等方面的最新信息。

主题词 国际会议

一、1986年国际上宇航技术的成就和问题

会议期间就"当代宇航大事"召开了五次大会，反映了1986年国际上宇航技术的成就和问题。1月28日美国航天飞机挑战者号失事，接着，大力神和德尔它火箭、欧洲阿里安娜运载工具相继发射失败，使西方世界的空间运输系统陷入了困境。会议期间，美国宇航局作了"航天飞机回复到飞行状态"的报告，说明了寻找故障的情况及今后采取的措施。看来航天飞机的问题主要是因为管理混乱，造成较多的技术问题没有彻底解决。会议第五天就空间运输系统进行了讨论，法国、西德和英国三家就阿里安娜5、Sanger二级可重复使用运载器和英国可重复使用的Hotol运载工具进行了激烈的争论。与西方空间运输系统方面的接连失败相对照的是苏联的空间运载工具、中国的长征系列和日本的H-I火箭今年都成功地进行了发射。

今年取得的空间进展有：法国研制的SPOT地球观测卫星投入正常运行；日本空间及宇航研究所、苏联科学院、欧空局及美国宇航局合作进行的哈莱彗星观测；以及苏联今年在"和平号"轨道站的发射和建立中取得的新成就。

1. 空间运输系统

"挑战者号"的失事使美国下次航天飞机的发射时间推迟到1988年2月，从而使未来用航天飞机进行商业发射的机会大大缩减。在这种情况下，美国正在注意起用原被淘汰的一次性使用的运输系统，对运输工具进行调整。大力神和德尔它火箭的发射失败也推迟了发射计划，而且必须进行重新估价。阿里安娜运载器的第十五次发射由于第三级点火系统故障而导致失败，这也要求寻找故障原因和采取改进措施，从而使阿里安娜4的第一次发射推迟到1987年。从过去发射的成功率来看，德尔它为93%，宇宙神人马星座为96%，大力神为94%，而阿里安娜为78%。

苏联在1986年多次成功地用一次性使用的运载工具进行发射，特别要强调的是，苏联于2月20日发射了一个新的第三代空间站"和平号"，接着用联盟T15运载器把两名宇航员送

— 1 —

— 5 —

1 1986年，第37届国际宇航联合会于奥地利的因斯勃鲁克市举行，杨嘉墀撰文《1986年世界空间活动概况——三十七届国际宇航联合会情况介绍》。

2 1987年，杨嘉墀（右一）、屠守锷（右二）、任新民（左二）在英国参加第38届国际宇航联合会。

3 1988年，杨嘉墀（左）与任新民（右）在印度参加第39届国际宇航联合会。

1 1989 年，杨嘉墀出席太平洋地区空间科学技术及应用国际会议（PISSTA）并做报告。

2 杨嘉墀撰写《出席第三届太平洋地区空间科学技术及应用国际会议工作总结》，文中指出："加强空间技术的发展战略研究，正确制定空间技术的长期发展规划，明确奋斗目标，十分重要。"

出席第三届太平洋地区空间科学技术及应用国际会议工作总结

(1989年)

1 概况

继1985年在夏威夷和1987年在北京召开的太平洋地区空间科学技术及应用国际会议之后，由美国宇航学会、中国宇航学会和日本火箭学会发起、美国宇航学会主办，于1989年11月在美国洛杉矶召开第三届会议。中国宇航学会代表团一行6人，在理事长任新民同志率领下，连同原已在美的黄伟义同志共7人出席了会议。其中杨嘉墀、李一鸣两人在会前应邀参加了美国宇航学会第三十六届年会（也在洛杉矶召开）。代表团按会议安排参观了美国范登堡空军基地、喷气推进实验室，并在会后参观了麦道公司空间系统部，部分团员并参观了乔治亚理工学院。会议东道主美国宇航学会对我代表团热情友好，对参观活动事前与我政府部门作了大量工作，参观单位主要领导人和技术负责人均出面接待，比较热情，回答了我们所提的技术问题。下次会议的东道主日本火箭学会宴请了中美两国学会主要负责人，初步商定了下一届会议于1991年12月初在日本京都举行，会议讨论主题为《国际空间年在太平洋地区》。

2 美国宇航学会年会

会议共开两天半（1989年11月1日至3日），出席代表约140人。会议的主题定为美国在空间竞争中的地位。前美国空间委员会主席Paine在大会上作了主旨报告。会议用了一天半时间在大会上对美国在空间竞争中的处理、人才培养及重返月球、探索火星等战略性问题进行了讨论。用一天时间分三个小组进行论文报告：一个系统小组，包括运载火箭、航天器、小卫星、服务和维护等专题；一个工程小组，包括空间利用和应用、跟踪与数据系统、生命科学、火箭发动机、民用卫星遥感；一个历史小组主要报告火箭发动机发展里程碑。美国宇航学会有个战略委员会，对发展战略进行讨论后，准备写一个报告向华盛顿提出建议。

3 太平洋地区空间讨论会

这次会议的主题是太平洋地区空间科学、技术利用和应用，共开三天，出席代表约百人，提供论文报告70多篇，内容包括国际和国家计划，利用空间技术于太平洋地区的发展、空间站、空间运输系统、卫星技术、先进运载火箭技术、航天港、通信技术、空间站结构技术、航天动力学、热物理、机器人等。在开幕式上由美国NASA前主管政策和计划的副局长Culbertson作了题为《在进入90年代时，我们的计划成熟但不确定》的报告。日本科学委员会主席近腾（Kon-

do）提供了由人代读的题为《月球和人》的报告，中国宇航学会理事长任新民作了题为《中国空间技术的发展与应用》的报告，论文集将于半年内由美国宇航学会出版发行。

4 参观活动

4.1 范登堡空军基地

该基地是美国空军的洲际导弹试验中心，该基地位于洛杉矶西北240km的圣马丽亚附近。沿太平洋海岸南北约80km，面积约98 000 acre(1acre＝4 046.86 m²)。其主要任务是培养与训练民兵和MX导弹的操作部队；对已部署的导弹进行发射检验试验；对新导弹系统进行飞行试验监测。

美国空军于1979年在该基地建立了西航天与导弹中心。该中心负责发射大力神、宇宙神、侦察兵等运载火箭，将各种卫星送入轨道；负责对新战略导弹系统及再入体进行研制性飞行试验与鉴定；对50多个工位及从加州、夏威夷、马绍尔群岛，直到印度洋中部的电子、光学、雷达系统所组成的跟踪测量控制网进行运营管理。

到1989年7月止，在该基地共发射50多种导弹与火箭1 630多次，发射卫星500多颗，政府部门及合同厂商在这里设有100多办事处，在发射任务的高潮，工作人员高达14 500人。

我们参观了发射宇宙神运载火箭的第四号工位和原计划发射航天机的第六号工位。

4.2 喷气推进试验室JPL

由NASA提供设备，加州工学院管理的喷气推进试验室，现有工作人员5 400人，占地面积175 acre。JPL的主要任务是(1)用自动航入器对地球外层空间和太阳系进行探索；(2)设计和运行全球深空跟踪网系统；(3)对航天和国防任务进行科学和工程研究，自1958年承担NASA任务以来，已进行的行星际探测器有向月球飞行的徘徊者号、勘测者号，探测火星、金星、水星的水手号，海盗号火星轨道器，以及飞经木星、土星、天王星、海王星的航行者号。航行者二号于1977年发射，于1989年8月25日飞经距海王星北极4 900 km的轨道进入星际空间。我们参观了其深空探测控制中心和各种航天器的模样陈列室。

4.3 麦道公司空间系统部

麦道公司空间系统部的任务比较饱满，包括为美空军研制的德尔它II运载火箭、全球导航系统GPS用的NAVSTARII卫星，为SDI计划用的德尔它星、航天飞机发射任务、空天飞机(NASP)计划中的先进推进技术(用非金属液氢液氧储箱)等。麦道公司是空间站计划中工作包(Work Package)2的主承包厂，负责生产组装式桁架；推进系统、移动运输系统、资源联结舱的装配与EVA系统、外部温控系统、与航天飞机和试验组合件的连接系统、制导和控制系统、通信和跟踪系统、数据处理系统和气闸等，总承包合同经费达33亿美元。我们参观了组装德尔它火箭燃料箱和大力神4号火箭整流罩的车间、试验空间站桁架组装用的大水池和一个空间站生活舱的模样。

5 体会

出席本次会议有如下体会：

1）加强空间技术的发展战略研究，正确制订空间技术的长期发展规划，明确奋斗目标，十分重要。

2）根据发展目标，排出关键技术项目，组织力量进行预研攻关，为实现目标奠定技术基础。

3）为实现发展目标，要根据任务特点及新的形势，调整与加强大空间系统工程的管理机构。

4）要认真总结并运用过去的经验，提高效率，减少失误。

5）在坚持自力更生为主的前提下开展国际空间技术的合作与交流。

1 1990 年 5 月 16 日,
  MICONEX'90（第四届多
  国仪器仪表学术会议暨展
  览会）在北京开幕,杨嘉墀
  在会上做报告。

2 1991 年,杨嘉墀访问日本
  航空宇宙工业会。

3 1991 年,杨嘉墀（前右一）
  与陆元九会见原苏联专家。

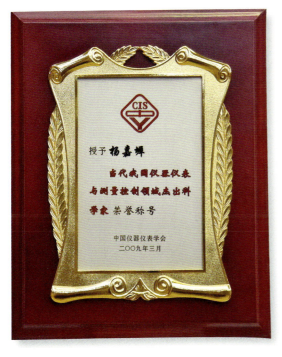

<table>
<tr><td>1</td><td>2</td></tr>
<tr><td>3</td><td>4</td></tr>
</table>

1 陈嘉庚信息科学奖奖牌（1995 年）

2 何梁何利基金科学与技术进步奖奖牌（1999 年）

3 仪器仪表与测量控制领域杰出科学家奖牌（2009 年）

4 中国仪器仪表学会功臣奖牌（2009 年）

第四篇

嘉木成荫
墀耀万春

立扛千斤，甘为人梯。杨嘉墀荣膺"两弹一星"功勋奖章后总说"事情是大家干的"。他始终秉持不倦的钻研心，感人的亲和力，深切的母校情。以他命名的"杨嘉墀星"永载史册，航天强国必定后继有人。

母校情深　饮水思源

　　杨嘉墀不忘初心、矢志报国的家国情怀，一生为国、情系九天的赤子之心，以及孜孜以求、不断开拓的创新精神，是交大人"爱国荣校，饮水思源"精神的最好诠释。

| 1 | 2 |
| | 3 |

1　20 世纪 70 年代，王安夫妇（前排左四、左六）来华访问，受到王震副总理（前排左五）接见。杨嘉墀（后排右三）也出席此次会见。

2　1999 年，杨嘉墀与徐斐重返江苏吴江震泽中学。

3　2001 年，杨嘉墀（前排右二）重返上海中学校园。

母校情深　饮水思源

1　1986 年，交通大学 1941 届电机工程系同学聚会（后排左三为杨嘉墀）。

2　1996 年 4 月 7 日，杨嘉墀参加交大百年校庆筹委会招待会。

3　1996 年 4 月 8 日交大百年校庆之际，杨嘉墀在饮水思源碑前留影。

母校情深　饮水思源

<table>
<tr><td>1</td><td>2</td></tr>
</table>

1 杨嘉墀与王希季（左二，"两弹一星"元勋，中国科学院院士，1955—1966 年在
交通大学、上海交通大学任教）等在学术活动中心前合影。

2 杨嘉墀与罗沛霖（1935 届交通大学电机工程系校友，中国科学院院士、中国工程
院院士）在交大百年校庆里程碑前合影。

科教兴园
开创未来
杨嘉墀
一九九六、四八、

1	4
2	5
3	

1 百年校庆之际，1941届校友为学校捐赠藏龙伏虎石。杨嘉墀与同学俞百祥（右一）、董宗祥（后排左一）等在石前合影。

2 杨嘉墀参观"精密Ⅰ号机器人"。

3 杨嘉墀为母校百年校庆题词："科教兴国 开创未来"。

4 2001年母校105周年校庆之际，杨嘉墀（左一）与时任校党委书记王宗光（中）、同学高怀蓉（右）在闵行校区大礼堂休息室合影。

5 杨嘉墀（右二）与时任校长谢绳武（左二）、时任副校长沈为平（右一）、1950届校友钱皋韵（左一）在闵行校区大礼堂合影。

1 3
2 4

1 杨嘉墀（中）回母校参观自动化系，与席裕庚教授（右）和杨杰教授（左）交流。

2 杨嘉墀（左三）与同学董宗祥（左二）、高怀蓉（左四）、俞百祥（左五）、朱祺瑶（左七）等在交大老图书馆前合影留念。

3 杨嘉墀珍藏的上海交通大学1941届校友通讯（共11期）。

4 杨嘉墀珍藏的纪念交大毕业60周年的帽子。

母校情深　饮水思源

2019 年 11 月 2 日，上海交通大学举行"两弹一星"元勋杨嘉墀院士诞辰一百周年纪念大会暨首届杨嘉墀奖学金颁奖典礼。

1 纪念大会上，其女杨西讲述了父亲在交大求学期间珍惜来之不易学习机会的故事，回忆了他回国的经历与归国后的工作情景。

2 2020年11月，档案文博管理中心张凯（右）、李弋（左）、欧七斤至北京拜访杨西女士，受捐杨嘉墀院士"两弹一星"勋章等一批珍贵档案。

3 2020年12月，档案文博管理中心曹灵钰（左）、欧七斤（右）第二次赴京接受杨西女士（中）捐赠。

4 2021年4月8日，杨西女士出席上海交大新校史博物馆开馆仪式，校长林忠钦向其颁发捐赠证书。

母校情深　饮水思源

提携才俊　春风化雨

　　杨嘉墀指导与培养了一批顶尖人才，均成了空间技术一线的主力军。他对青年一代同事提出的问题或意见，总是虚心地解答。在学生心目中，杨嘉墀是一位以探索未知、发展航天为己任，平易近人、严谨务实的好老师。

1 | 2   1 1994年9月，杨嘉墀为航天科技集团五院五○二所研究生做卫星应用发展报告。

    2 杨嘉墀身穿导师服在中国空间技术研究院研究生部的留影。

1988 年底，我调至中国空间技术研究院任计算机信息化副总师，协助一位院领导主管信息化、计算机工程工作。杨先生是前任总师，这时他虽不在位，但对这项工作十分关心。每当他得到一点有用的信息或拿到一篇有价值的文章，就从大楼的西头办公室走到我在东头的办公室，亲自向我提出他的看法和建议，从不打电话叫我过去，尽管他走起路来不是十分方便。我担任型号总设计师之后，他也处处关心我的成长，经常给我提出意见和忠告。

——中国科学院院士、"中国资源二号"总设计师叶培建回忆杨嘉墀的文章《深切怀念良师杨嘉墀先生》。

杨嘉墀先生在科研工作中，从选题开始，便注重实用。搞自动控制理论和技术研究，许多人都喜欢搞理论和大系统课题，而自动化的敏感器、执行器等在自动化系统中不太起眼，但又是非常重要、难度很大的项目，往往有些科研人员不愿意去搞。杨嘉墀先生却承担了大量的自动化技术工具项目。在科研工作中，他从不满足初步成果，从不拿模棱两可的不可靠的数据来凑结果，从不以势压人。

——"风云三号"卫星总设计师孟执中跟随杨嘉墀工作近八年，深切感受到他在科学研究和为人处世中的务实作风。

　　杨先生坚持，"空间智能自主控制"一个字也不能改。他给出几点理由：第一，研究主体不能只有航天器，要放在整个空间，眼界要放宽；第二，航天器在天上，出了问题要经过故障分析和判断，只靠地面站控制，不及时也不安全；第三，将来天上不只一颗卫星，如果是几百颗卫星，出了问题要怎么管？管理人员、地面设备、测控费用怎么算？所以必须研究自主控制技术……现在看来，杨先生那个时候就已经想得很远。他曾经说过："你搞研究的，要看到 20 年之后。光看眼皮底下的，不是好科学家。"

　　　　　　　——中国科学院院士吴宏鑫回忆杨嘉墀的文章《光看眼皮底下的，不是好科学家》

杨嘉墀指导青年后辈孙承启学术论文，孙承启自然把杨嘉墀的名字写在第一位，杨嘉墀知道后坚决要求把名字顺序换过来。这是二人合著的文章《通过轨道上估算陀螺漂移改进陀螺罗盘的测量精度》，发表于《航天控制》1983 年第 1 期。

通过轨道上估算陀螺
漂移改进陀螺罗盘的测量精度*

孙承启　　杨嘉墀

　　本文证明了在不采用恒星光学敏感器的情况下，在两个正交安装的速度陀螺和一个红外地平仪组成的标准陀螺罗盘中增加一个斜装陀螺并不能估计出滚动陀螺的漂移。提出了在不用恒星光学敏感器的情况下通过改变系统结构来改进陀螺罗盘测量精度的三种方法：摇摆模式，连续旋转模式和增加一个附加陀螺的变结构模式。初步分析表明，第三种模式较容易实现，而且增加了系统的可靠性。当三个陀螺中任一个发生故障时，通过改变结构仍可进行三轴稳定卫星的姿态测量。

1. 引　言

　　用陀螺罗盘测量地球指向卫星的偏航姿态偏差是中低轨道卫星常用的方法，其精度主要由滚动陀螺的漂移所决定。若能测出这个漂移并进行补偿，就可以提高偏航姿态的测量精度。

　　可以通过地面试验获取精确的数据对陀螺漂移加以补偿。但是这样做要求有精确的测试设备，而且处理后所分离出来的加速度的一次、二次项系数对卫星毫无用处。其次，地面测得的漂移（与加速度无关项）在卫星进入轨道和轨道上长期运行中也未必能保持在一定的范围内。为了解决这方面的问题，通常要用恒星光学敏感器（如太阳敏感器、星敏感器等）来进行修正，构成姿态估计器。它要求把轨道数据注入到卫星上去，因此这种方法对测轨精度的依赖性很大。

2019 年 11 月 2 日，上海交通大学电子信息与电气工程学院设立"杨嘉墀奖学金"，并进行首届颁奖仪式。

乡梓亲情　爱国无疆

> 震泽肥沃的水土，曾经养育了我，先贤好学的精神一直鼓舞着我。路是人走出来的，而人生之路的起点总是故乡。
>
> ——杨嘉墀（1999 年）

$\frac{1}{2}$

1　1998 年 6 月，杨嘉墀（左二）、夫人徐斐（左一）在江苏吴江老宅与堂兄等家人相会。

2　2000 年，杨嘉墀（右二）、徐斐（右一）与同是"两弹一星"功勋奖章获得者程开甲（左一）在吴江同乡会上。

1　　　1 杨嘉墀、徐斐夫妇合影。几十年的婚姻生活中、他们相互扶持，相濡以沫、白头到老。

2001 年，杨嘉堺与夫人徐斐金婚纪念日合影。

杨嘉墀对待家人，感情深厚而细致入微。他的儿女们对儿时全家常常一同在颐和园游玩的幸福时光记忆尤深。

|1|3|
|2|4|

1　1958 年夏，杨嘉墀一家四口在中关村合影（从左至右依次是杨瑞、杨嘉墀、杨西、徐斐）。

2　1961 年，杨嘉墀一家在北大燕东园合影。

3　1969 年，杨西插队前，杨嘉墀一家在中关村 13 号楼前的合影。

4　2001 年，杨嘉墀一家在新家中合影。

世界上一切革命斗争都是为着夺取政权，巩固政权。
　　　　　　　　　　　毛泽东

第　　版共　　页

西西：

　　我们等了你几个星期的信今天终于来了，你由十二日写的信寄到我这里也走了七天。幸喜国务院下达开的延安上山下乡知识青年会议纪要很好。这是党中央毛主席对你们极大的关怀，最大的鼓励。这样我们就方便的处理你的事了。希望你们都抓住此会议纪要上的要求先做起来。倒把你们的灶十个人合起来了后不要再散伙，大家要互助帮助张东宇把灶搞好。你们十个人也要一起的学习，不要在小事上斤斤计较。张东宇的工分至少应当和你们一样，还应多给他补助。如果伙食搞得不好大家要想办法，没有碗是不是买不到，如果买不到的话，大家写信到家里支援不是可以解决吗，主要是大家都想着一定要发扬互助的精神。两个说说如果处理不好也有做过严重的坏事，一切都以搞好劳动的准则去团结和帮助的精神去待他们。

　　你们的柴钱，不要因为少给了工分号说你们小队不讲理，你们要想一想，你们小队去年

稿纸（20×20＝400）

增加了你们十个
户的负担后，生
可解放下中农的
多了把大队负担
油机事。这件事
一下。在这帮助你
产方针。你们大队
猪，这就是是的他
要互相支援。特
难儿，这样才建立
　　提高我这口己
　　北京市革委位要
性，我们所里大力
事有表扬，坏人坏事
风气也比以前好多了
验。过去生产不一定
劳动生产，（疑）统帅生产方
以便搞好劳动生产，
三好。
　　希望你们常来信。（你

稿纸（20×20＝400）

1 ■ ■ ■ 1 1969年杨西到陕北插队后，杨嘉墀写给女儿的两封
家书，信中写道：延安专区上山下乡知识青年会议"是
党中央对你们最大的关怀，最大的鼓励"，并嘱咐杨
西"按照会议纪要的要求先做起来"。

作为航天技术专家，杨嘉墀经常奔波于我国各大卫星发射中心。

1998 年，杨嘉墀（中）与王希季（右一）、谢光选（左一）在酒泉卫星发射中心合影。

党和国家需要、人民需要，我们就去做！

1 | 2　　1　2002 年，杨嘉墀在山西太原卫星发射中心留影。
　　　　2　2003 年，杨嘉墀在西昌卫星发射中心留影。

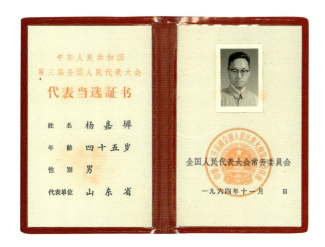

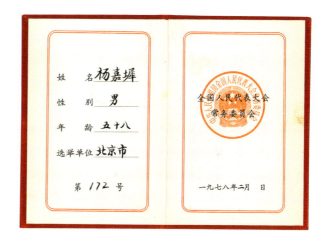

最令我佩服的是，因为国家的需要，杨嘉墀几次改行，攻研了多个专业。大的转行就有两次，在国外他读的是应用物理，但回国后，却长期致力于我国自动化技术和航天技术的研究发展，这期间他的钻研也一下从仪器仪表跨到了自动化控制，而由于研发的需要，他也曾不断给自己增添新的任务。诸如原子能控制测量、核潜艇反应堆控制等，他都从事过研究，并做出了成绩。

——屠善澄（中国工程院院士，自动控制技术专家）

1	3	4
2

1 1999 年国庆时，杨嘉墀（右）与王希季在天安门合影。

2 2019 年 10 月 1 日，庆祝中华人民共和国 70 周年大会、阅兵式和群众游行在北京天安门举行，坐在游行彩车上的杨西女士高举其父杨嘉墀院士像经过天安门。

3 杨西手持的杨嘉墀像。

4 杨嘉墀的全国人民代表大会代表证。

杨嘉墀星　光照千秋

　　杨嘉墀致力于中国发展人造卫星、自动化与控制技术领域，做过开创性的杰出贡献，（11637）杨嘉墀星于 2003 年经国际小行星中心正式刊布，它将永远闪耀在宇宙星空之中，光耀星汉，亿万斯年！

中国科学院 国家天文台文件

国天函字[2001]1 号

关于征集小行星命名有关材料的函

杨嘉墀先生：

　　近几年，我台发现一批小行星，根据国际惯例发现者有权对发现的小行星进行命名。我们拟以您的名字命名一颗我们发现的小行星，并已得到中国科学院的批准。为选择适应的小行星编号以及报经国际小行星组织批准，请您提供以下材料：（传真给朱进或办公室）

　　1、本人基本情况，简历；

　　2、用三行英文字概括本人突出贡献。

朱进电话: 62751286　　传真: 62765031　　PB机: 96300 呼 682333

办公室电话: 64888708　　传真: 64888708

中国科学院国家天文台
（北京天文台代章）
二〇〇一年五月二十一日

主题词： 征集　材料　函

11637

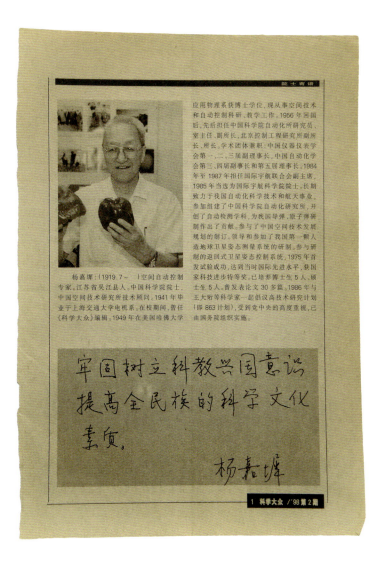

1 2003 年 5 月 21 日，中国科学院国家天文台致杨嘉墀专函《关于征集小行星命名有关材料的函》（国天函字 [2001]1 号）。

2 杨嘉墀寄语：牢固树立科教兴国意识，提高全民族的科学文化素质。（《科学大众》1998 年第 2 期）

3 杨嘉墀为广西师大附中寄语：开拓创新 振兴中华。（2002 年）

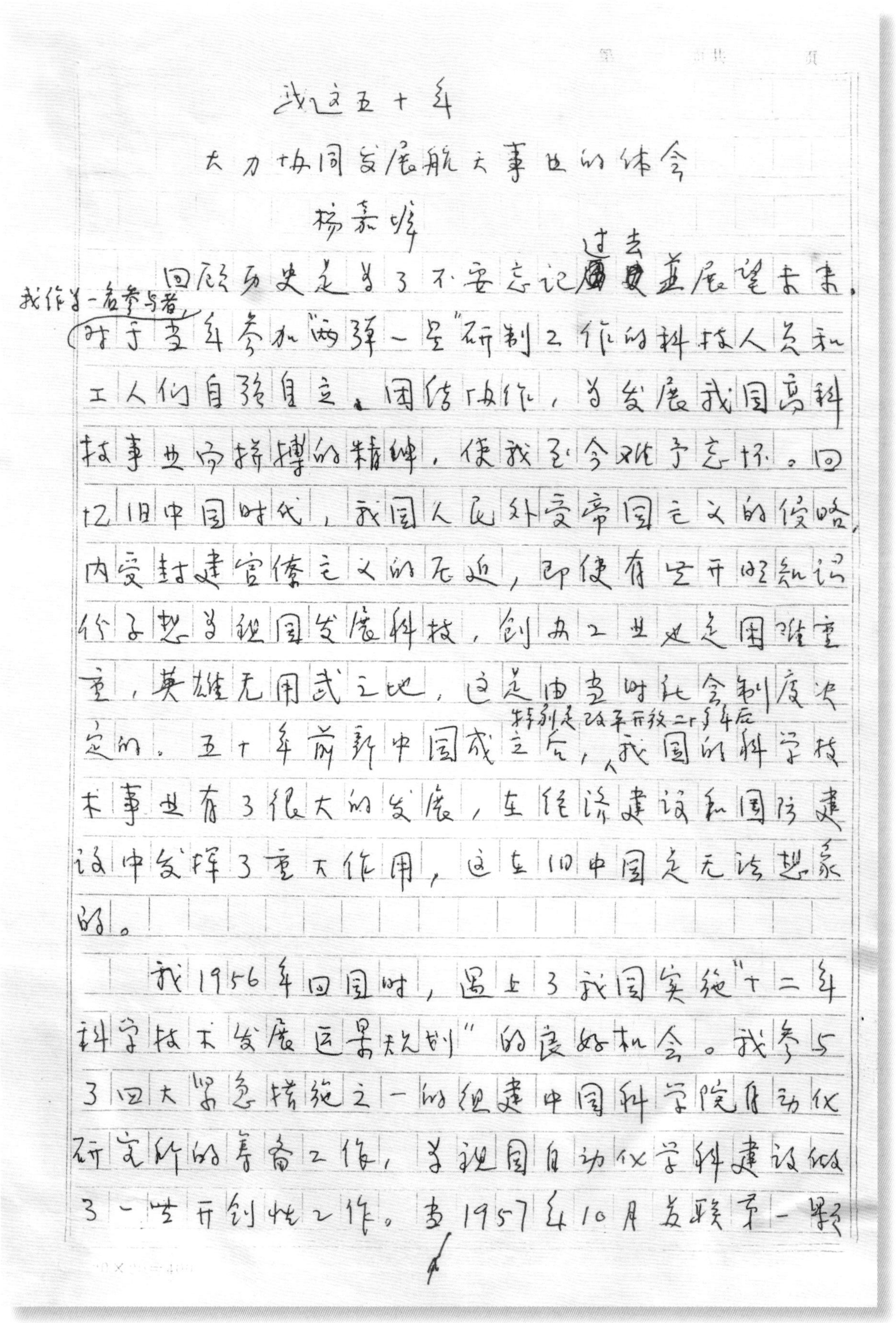

我这五十年
大力协同发展航天事业的体会

杨嘉墀

回顾历史是为了不要忘记过去　更要展望未来。我作为一名参与者，对于当年参加"两弹一星"研制工作的科技人员和工人们自强自立、团结协作，为发展我国高科技事业奋搏的精神，使我至今难于忘怀。回忆旧中国时代，我国人民外受帝国主义的侵略，内受封建官僚主义的压迫，即使有些开明知识分子想努力促进国发展科技，创办工业也是困难重重，英雄无用武之地，这是由当时社会制度决定的。五十年前新中国成立后，特别是改革开放二十多年后，我国的科学技术事业有了很大的发展，在经济建设和国防建设中发挥了重大作用，这在旧中国是无法想象的。

我1956年回国时，遇上了我国实施"十二年科学技术发展远景规划"的良好机会。我参与了四大紧急措施之一的组建中国科学院自动化研究所的筹备工作，并承国自动化学科建设做了一些开拓工作。在1957年10月发联第一颗

1 ▓ ▓ ▓ 1 杨嘉墀手稿《我这五十年——大力协同发展航天事业的体会》。文中深情回
忆了他五十年来参与祖国航天事业的经历，对其中涌现出的"自强自立、团
结协作，为发展我国高科技事业而拼搏的精神"难以忘怀，更期望我国航天
技术"到21世纪中叶，能够与世界空间大国在航天科技领域并驾齐驱，为
人类作出更大的贡献。"

杨嘉墀星　光照千秋

1 1958 年，杨嘉墀在苏联克里米亚天文台前留影。

2 1975 年，杨嘉墀在美国留影。

3 1979 年 10 月，杨嘉墀在长城留影。

4 1980 年 5 月，七机部五院首届科学技术委员会合影（前排右五为杨嘉墀）。

5 1985 年，杨嘉墀在法兰克福留影。

6 1986 年，杨嘉墀在荷兰与爱因斯坦蜡像合影。

7 1986 年，杨嘉墀在英国格林威治本初子午线的留影。

1　1989 年，杨嘉墀参加中国科学院技术科学部全体委员扩大会议，与秦化淑（左二）、张钟俊（右二）、陆元九（右一）合影。

2　1991 年，杨嘉墀在一次会议上发言。

3　1990 年，杨嘉墀（右三）与王大珩（右二）、师昌绪（左四）、罗沛霖（左五）等在香山参加第二届国家自然科学奖励委员会第五次会议。

4　1999 年，杨嘉墀 80 岁生日。

<table>
<tr><td>1</td><td rowspan="2">3</td></tr>
<tr><td>2</td></tr>
</table>

1 2001年，杨嘉墀（右四）与王希季（右三）、屠善澄（右五）、
吴宏鑫（左三）等在空间控制实验室。

2 2002年，杨嘉墀在知识产权座谈会上发言。

3 杨嘉墀在不同时期的工作留影。

杨嘉墀星　光照千秋

杨嘉墀

两弹一星 元勋

中国航天科技专家,自动控制专家,自动
检测学的奠基者.

1 画家马刚画作《致敬：中国脊梁》。

2 杨嘉墀使用过的物品：计算尺、手机、收音机、剃须刀、手表、眼镜。

杨嘉墀星　光照千秋

杨嘉墀

一九一九年生，江苏吴江人，著名航天技术和自动控制专家。自动检测学的奠基者。中国科学院院士。一九四一年毕业于交大电机工程系，长期致力于我国科学技术和航天事业的发展。主持我国第一颗人造地球卫星姿态测量系统的研制，在返回式卫星科学探测卫星以及原子弹、氢弹爆炸试验所需的检测技术等重大项目中做出了重大贡献。一九九九年被授予两弹一星功勋奖章。

庚子初末董伟民敬绘于沪上

上海画院董伟民作杨嘉墀院士画像。

回顾杨嘉墀不平凡的一生，无处不闪烁着对祖国和人民的无限热爱，对发展航天事业和高新技术孜孜不倦的追求。他的一生是报效祖国的一生，是奋斗拼搏的一生，是严谨务实的一生，是淡泊名利的一生。他身上凝聚着一位中国知识分子的崇高品质，闪耀着一名优秀航天人的灿烂光辉！

"两弹一星"精神激励和鼓舞了几代人，是中华民族的宝贵精神财富，我们要把"两弹一星"精神一代一代传下去，使之变成不可限量的物质创造力。杨嘉墀等老一代科学家用智慧和勇气、心血和青春，创造了"两弹一星"的奇迹，铸就了国家和民族的一座丰碑。历史留给我们的不仅仅是杨嘉墀在中国科学技术上的成就，更是他在研制"两弹一星"过程中展现出来的创新方法、科学精神和爱国情怀，一生为国，熠熠生辉，我们应该永远记取之，更应学习之，弘扬之。

杨嘉墀生平大事年表

1919 年，生于江苏省吴江县震泽镇。

1924 年，入震泽私立丝业第一初高等小学（现名震泽镇藕河街小学）读书。

1930 年，被保送到震属中学（现名震泽中学）读书。

1932 年，考入江苏省立上海中学。

1937 年，考入国立交通大学电机工程系。

1941 年，任西南联合大学电机系助教。

1942 年，调入昆明中央电工器材厂三厂工作，先后任工务员、助理工程师。

1945 年，成功研制中国第一套单路载波电话样机。

1947 年，入美国哈佛大学文理学院工程科学与应用物理系攻读硕士研究生，年底获硕士学位。

1948 年，在哈佛大学攻读博士学位。

1949 年，以《傅里叶变换器及其应用》的论文通过答辩，获哈佛大学哲学博士学位。

1951 年，与徐斐女士在波士顿举行婚礼。

1952 年，女儿杨西（曾用名"杨克文"）出生。

1956 年，携全家返回祖国，加入中国科学院自动化及远距离操纵研究所。

1957 年，赴法国参与发起和筹建国际自动控制联合会。同年，儿子杨瑞出生。

1958 年，参加中国科学院高空大气物理代表团，赴苏联考察。

1960 年，出席在莫斯科召开的国际自动控制联合会第一届世界大会。

1961 年，领导实施导弹热应力试验设备"151 工程"，至 1965 年完成加热、加载、测量系统研制任务。

1963 年，承担原子弹爆炸试验测试任务，领导开展了火球温度测量仪、冲击波压力测量仪、火球光电光谱仪、地震波振动测量仪的研制工作，1964 年应用于我国第一次核试验。

1964 年，当选为第三届全国人民代表大会代表。

1965 年，任卫星总体设计组副组长，参与我国第一颗人造卫星的总体方案论证。

1966 年，组织和参与我国第一颗返回式卫星姿态控制系统的研制工作。

1968 年，中国科学院自动化研究所划归国防科委中国空间技术研究院，杨嘉墀任研究员。

1970 年，领导对返回式卫星姿态控制系统初样产品进行大型模拟试验。

1973 年，率中国科学技术代表团访问日本。

1975 年，根据遥测数据判断返回式卫星能够按计划运行三天，卫星最终按期着陆，基本完成"把卫星收回来"的任务。同年，当选为第四届全国人民代表大会代表。

1978 年，当选为第五届全国人民代表大会代表。

1979 年，加入中国共产党。

1980 年，当选中国科学院技术科学部学部委员（院士）。

1981 年，被任命为"实践"卫星系列总设计师。

1983 年，被任命为实践三号卫星总设计师。

1984 年，获航天部"劳动模范"称号。

1985 年，当选为国际宇航科学院院士。同年，获国家科技进步奖特等奖。

1986 年，与王大珩、王淦昌、陈芳允院士联名向党中央提出《关于跟踪研究外国战略性高技术发展的建议》，获得邓小平同志的支持，由此催生了国家"863"计划。

1989 年，当选为中国自动化学会理事长，后连任。

1990 年，先后被中央国家机关党委和航空航天部授予"优秀党员"荣誉称号。

1995 年，获"陈嘉庚信息科学奖"。

1997 年，与王大珩共同主持"香山科学会议"第71届学术讨论会，会议主题为"面向21世纪的空间科学与探测技术"。

1999 年，荣获中共中央、国务院、中央军委授予的"两弹一星"功勋奖章。同年，获"何梁何利基金科学与技术进步奖"。

2000 年，获国际电气和电子工程师学会授予的"千年勋章"。

2001 年，在"863"计划工作中做出特殊贡献，授予先进个人称号。

2003 年，"杨嘉墀星"命名。

2004 年，参加中国宇航学会卫星应用工作委员会举办的"2004年中国北斗导航系统应用论坛"。

2005 年，与屠善澄、童铠等院士向时任总理温家宝呈送《关于促进北斗导航系统应用的建议》。

2006 年，在北京逝世，享年 87 岁。

后 记

　　"两弹一星"功勋科学家杨嘉墀院士，是交通大学 1941 届电机工程系校友。他在战争年代目睹祖国山河破碎、生灵涂炭，艰难地完成学业，奠基科学基础，又怀着科学救国的远大理想抱负远渡重洋，学习西方先进科学技术。在中华人民共和国成立后，他响应党的感召和祖国的呼唤，放弃了国外优渥的生活条件，冲破重重阻挠，义无反顾回到祖国怀抱，用满腔热血"干惊天动地事、做隐姓埋名人"。

　　为了彰显杨嘉墀等老一辈科学家为"两弹一星"事业做出的重要贡献，上海交通大学档案文博管理中心在举办"科教兴国 开创未来——'两弹一星'功勋科学家杨嘉墀校友专题展"的同时，编著了《嘉木成荫 墀耀万春——杨嘉墀画传》一本，力求以生动形象的图片资料，精要展现杨嘉墀院士奋发求知、科技救国的高远志向，不忘初心、矢志报国的家国情怀，孜孜以求、踔厉奋发的创新精神以及爱党爱国、情系九天的赤子之心。

　　此次展览展品和画册图片资料得到了杨嘉墀院士的工作单位——中国空间技术研究院，清华大学档案馆，上海交通大学钱学森图书馆、电子信息与电气工程学院等单位的鼎力相助，为展览和画册提供了部分实物和图片资料。杨嘉墀院士的女儿杨西女士和全体家属也给予了大力支持。自 2020 年起，杨女士相继捐赠杨嘉墀院士"两弹一星"功勋证书、奖牌和奖章等文献、实物、照片，是本次展览展品和画册图片的主要来源。同时，杨西女士作为本展览和画册的特邀顾问，为展览和画册的编撰、修改提供了许多指导性的意见和建议。

　　上海交通大学档案文博管理中心欧七斤、孙萍审读了展览和画册的文字内容，提出了许多重要的修改意见；曹灵钰、李弋、黄晓红开展了相关文献实物的征集与调研工作；许雯倩、何嘉玲、陈晓俊进行了档案实物的调取、扫描与拍摄；许天、钟诸佷开展了展厅的展陈设计和展品布置工作。在此谨向他们表达诚挚的谢意！

在编撰展览大纲和《嘉木成荫　墀耀万春——杨嘉墀画传》的过程中，编者既充分参考了各界已有的研究成果，也查阅了大量的档案和文史图书、报刊。但由于时间仓促，水平有限，书中难免有疏漏、谬误之处，尚祈专家和读者批评指正。

编者谨识
2023 年 7 月

图书在版编目(CIP)数据

　　嘉木成荫　墀耀万春：杨嘉墀画传/上海交通大学
档案文博管理中心编. -- 上海：上海书画出版社，
2024.1
　　ISBN 978-7-5479-3175-2

　　Ⅰ.①嘉… Ⅱ.①上… Ⅲ.①杨嘉墀（1919-2006）
-传记-画册 Ⅳ.①K826.16-64

　　中国国家版本馆CIP数据核字(2023)第140809号

敬请关注上海书画出版社

《书与画》微信二维码

嘉木成荫　墀耀万春：杨嘉墀画传
上海交通大学档案文博管理中心　编

责任编辑	孙　晖　袁　媛
审　读	雍　琦
装帧设计	钟　颖
技术编辑	包赛明

出版发行	上海世纪出版集团　上海书画出版社
地址	上海市闵行区号景路159弄A座4楼
邮政编码	201101
网址	www.shshuhua.com
E-mail	shuhua@shshuhua.com
印刷	上海雅昌艺术印刷有限公司
经销	各地新华书店
开本	889×1194　1/16
印张	13
版次	2024年1月第1版　2024年1月第1次印刷
书号	ISBN 978-7-5479-3175-2
定价	238.00元

若有印刷、装订质量问题，请与承印厂联系